高校体育教学及课程体系改革研究

周建辉　程加秋　薛龙慧　著

中国原子能出版社

图书在版编目（CIP）数据

高校体育教学及课程体系改革研究/周建辉，程加秋，薛龙慧著. --北京：中国原子能出版社，2024.
12. --ISBN 978-7-5221-3740-7

Ⅰ. G807. 4

中国国家版本馆 CIP 数据核字第 2024DU2094 号

高校体育教学及课程体系改革研究

出版发行　中国原子能出版社（北京市海淀区阜成路 43 号　　100048）

责任编辑　王　蕾

责任印制　赵　明

印　　刷　北京九州迅驰传媒文化有限公司

经　　销　全国新华书店

开　　本　787 mm×1092 mm　1/16

印　　张　10. 25

字　　数　136 千字

版　　次　2024 年 12 月第 1 版　　　2024 年 12 月第 1 次印刷

书　　号　ISBN 978-7-5221-3740-7　　　定　　价　78. 00 元

前　言

在全球化、信息化和多元化的大背景下，高校体育教学正迎来前所未有的发展机遇与挑战。为适应新时代的教育需求，加快推进体育教学方法的创新与发展，探索出一条具有中国特色的高校体育教学之路显得尤为重要。体育教学应将发展布局向多元化、个性化和信息化方向转变，以满足不同学生的需求，提升学生的综合素质。并针对传统教学方法进行科学调整，注入创新元素，制定出新时代高校体育教学的创新发展规划，以提高教学质量，还应重视培育体育教师的创新意识和能力，推动教学方法的升级。

本书立足于高校体育教学，深入研究其现状，进而寻找改革创新的道路。内容包括高校体育教学概述、体育教学原则、高校体育教学模式、高校体育课程体系要素分析、高校课程体系构建、高校体育教学改革策略探究。希望可以引起相关教育工作者的关注，为高校体育教学改革提供参考。

笔者水平有限，书中若有错漏之处，敬请广大读者批评指正。

目 录

第一章　高校体育教学概述

第一节　体育与高校体育教学基本认知

一、体育的类型与功能

(一)体育的类型

1.学校体育

学校体育是在各个学校开展的有目的的体育教育活动,旨在提高学生身体素质,教授体育知识、技能等,也可以培养学生的意志品质。学校体育是体育的一部分,也是教育的一部分,我国体育事业的发展离不开学校体育。学校体育教育的主要目的是锻炼学生的身体、增强体质,培养学生的意志品质以及终身体育的思想。学校体育由体育课、课外体育活动、体育训练和课外比赛竞技四个部分组成。

2.竞技体育

竞技体育可以最大限度地激发人们的潜能,使人们的体格、体能、心理、运动技能等得到锻炼。人们为了在比赛中获得好成绩,会进行一系列的科学训练和比赛,这些都属于竞技体育的一部分。竞技体育是文化领域中的特殊部分,在体育领域中占有最高地位,也是世界体育文化的主体。竞技体育将人体的能力发挥到了极限,观赏性和感染力较强。同时,竞技体育也可以凝聚、团结民族力量,振奋民族精神。

3.社会体育

社会体育主要是人民群众为了锻炼身体、进行康复训练、休闲娱乐等而进行的体育活动,它的形式多样,受众广泛。社会体育主要群体是人民群众,涉及社会生活的各个领域,包含的内容也十分多样,比如娱乐体育、休闲体育、养生体育、医疗体育等。当今社会,人们对自身的发展重视程度不断提高,对自身知识水平和身体素质要求也更高。身体素质主要指身体健康、体形、精神状态和自身气质等,人们会选择进行社会体育和学校体育活动来提高身体素质。

(二)体育的功能

体育的功能产生于体育的本质和社会的需要,并从促进社会物质文明和精神文明中表现出来。体育的功能具体如下:

1. 健身功能

体育是以身体的直接参与来表现的,这是体育最本质的特点,它决定了体育的健身功能,有以下七个作用。

(1)改善大脑供血和供氧,提高中枢神经系统的适应能力,能使人心情舒畅,调节社会、生活和工作的压力。

(2)促进人体的生长发育,加速新陈代谢。

(3)对人体内脏器官构造的改善有着积极作用。

(4)刺激骺软骨的增生,促进骨骼的生长。

(5)提高肌肉的工作能力。

(6)提高人体的免疫力、抗疾病能力和心理承受能力。

(7)提高人体对自然环境和社会环境的适应能力,预防疾病,延缓衰老。

2. 娱乐功能

体育运动既可以帮助人们提高身体素质,也可以使人们获得精神上的愉悦,陶冶情操,人们可以在运动中暂时放下繁忙的工作,让身心获得暂时的休息。实现体育娱乐功能的主要途径是参观和参与。体育运动具有极高的观赏性,尤其是高水平的竞技体育活动,展现出力量与速度的完美结合,让观众欣赏到人体力量和运动之美。另外,体育活动可以让参与者相互配合,在与他人的竞技中获得不一样的身心体验,娱乐自身。

3. 社会化功能

人的社会化就是个体社会化,是人从生物的人变为社会的人的过程,而在这一转变过程中,体育运动扮演着重要角色。人们学会的基本生活技能都是通过体育运动获得的,如婴儿的被动体操、儿童的打闹嬉戏、长大后适应社会等,都需要通过体育活动获得。人们在进行体育运动时,必须遵守体育规则,通常由教师或教练告知规则并进行监督,这一过程就是人们养成遵守社会规则的行为习惯的过程。

体育运动具有社会性,在体育运动中,人们相互交流,彼此默契配合,可以促进人际交往,提高人们的沟通能力。为了促进人类社会健康发展,要在社会各类人群中普及健康和体育运动相关知识,使青少年、中年人、老年人等不同年龄段的人都能通过获得的体育知识进行健康的体育活动,培养健康的生活方式。在促进个体社会化方面,体育已经深入社会生活的方方面面,扮演着重要的角色。

4. 教育功能

体育是教育的重要组成部分,体育的教育功能是其最基础的功能。人们在参与各类体育活动的同时也在接受教育,无论是在学校、俱乐部还是训练场以及其他各类场所的锻炼,都会有教师、教练和同伴进行指导和教授。在校学生处于身体生长发育阶段,也处于世界观、价值观的形成时期,进行体育运动,不仅可以提高学生身体素质,增强体质,还可以让学生接受意志品质和思想道德规范等方面的教育。

同时,体育具有群体性、国际性、礼仪性和竞技性等特点,不仅可以向人们传递某种价值观,还可以激发群众的爱国热情,增强民族凝聚力,促进人们积极健康发展。此外,人们在观看体育比赛和参与体育活动过程中也会受到社会的影响,接受社会教育。

5. 政治功能

体育在政治中主要有两个作用:一是在国际比赛和交流中具有重要作用;二是在群众体育中具有重要作用。

国际比赛可以反映出一个国家的实力,从一个国家竞技体育水平的高低,可以看出一个国家政治、经济、文化等方面的发展情况。此外,体育还可以增进不同国家之间的文化交流,服务于外交,通过国际比赛连接不同国家,促进交流合作和友好往来。

6.经济功能

经济发展为国家发展提供物质保障,体育的发展也离不开经济的支持,经济发展促进体育发展,体育运动的发展又可以推动经济进步。如今,体育作为第三产业,在经济中的地位日益提升,与商品经济联系日益紧密。

体育运动主要从两个方面获得经济收益:一是大型运动会,通过售卖门票、印发纪念币、邮票、体育彩票等获得收益;二是日常体育活动,利用体育设施,组织热门体育项目比赛,开展娱乐体育活动,售卖体育服装、体育设施,同时组织旅游活动、进行体育咨询等来获得经济收益。

二、高校体育教学的基本认知

作为高校主要课程之一的体育课,同其他学科一样面临着课程体系、教学模式的更新与改革。体育在整个教育过程中具有不可替代性,体育是学校教育的重要组成部分,同时具有体育的属性和功能,是促进学生全面发展的重要手段。高校体育属于教育学和体育学下的学科层次,所以体育和教育有相同的属性。一方面,学校教育的构成包括高校体育,因此二者的目标是相同的;另一方面,体育中也包含高校体育。因此,体育的属性也应被高校体育展现得淋漓尽致,通过基本的身体运动和练习强健体魄,让大学生的身心得到更好发展。总的来说,通过基本的身体运动和练习,运用科学的培育方式提高大学生身体机能,让德、智、体、美、劳在其心理和潜能不断开发的过程中得到发展,实现身体和心理的健康,这就是高校体育的目标,也是教学发展的总目标。

(一)高校体育教学的任务

学生的体质是高校为社会培养人才的重要保证,作为高校的重要组成部分,高校体育的重要性日渐突出。我国高校体育要实现的目标既要符合体育功能、大学生所处的年龄段,还要符合我国教育事业和现代社会的发展需要,其目标是让大学生具备健康体育的意识,提高体育技能,自觉坚持体育锻炼,增强自身体质,让大学生有正确的体育观念、良好的行为习惯和思想品格,全面发展德、智、体、美、劳,为发展社会主义事业打下良好的基础。下面这些任务可以帮助高校体育更好地实现目标。

第一,增强体质、增进健康,这是我国高校体育要完成的最重要任务。其既反映了体育具备的最本质功能,也符合当前我国大学生身心健康发展和社会主义建设的需要。大学生基本处在最具生命活力的青年期,应特别注重身心的健康发展,应在这一时期督促大学生对体育运动的学习,使其养成良好的生活习惯,身体健康和心理健康两手抓,使其具备快速适应环境和参与各种活动的能力。

第二,坚持锻炼身体,学习体育健康知识并掌握相关技能。为保证大学生具备正确的体育意识,充分了解体育健康知识,激发大学生参与体育锻炼的热情,保证身体健康,就需要大学生不断学习有关体育和健康方面的知识,科学地参与运动锻炼,熟练掌握技术,并养成坚持锻炼身体的好习惯,这些可以很好地满足大学生以及当代人身体健康的需要。

第三,培养良好思想品德、意志,促进学生个性完善发展。育"体"和育"心"在高校体育中同样重要。体育本身具备的特征为高校体育提供了多种多样的形式,但要在筹备体育竞赛、开展运动训练活动、安排体育课程等过程中时刻关注学生思想和意志方面的学习,鼓励学生积极锻炼身体,早日投身于建设社会主义现代化中;要培养大学生具备奋发图强、敢于拼搏、吃苦耐劳、团结友爱的优秀品格,鼓励大学生积极养成健康的行为,具备发现美、表达美、热爱美的能力,让大学生实现更高更好的追求。

第四,提高运动技术水平,为国家培养体育人才。高校在积极推动群众性体育活动的同时,也应着重培养一些具备专项运动才能的大学生,科学合理地他们安排训练,让大学生充分发挥体能和智能的长处。要始终遵循体育运动的规则,科学、系统地训练,让大学生的运动水平得到极大提高。这样不仅可以丰富大学生的课余生活,也有利于开展各类群众体育活动,还可以增加国家竞技运动的人才储备量。

(二)高校体育教学的工作

1.体育课程教学

体育课程教学是高校体育中的重要组成部分,是实现我国高校体育目的与任务的主要途径之一。教育部把体育课改为体育与健康课,这为体育课教学工作的正常开展提供了强有力的保证。

通过开设体育与健康理论课、体育实践课和体育保健课,可以向学生传授体育基础理论知识,提高大学生对体育的认识,树立终身体育的观念,学习科学锻炼身体的方法,掌握锻炼身体的基本技术,提高大学生的体育文化素养和体育欣赏水平。

2.课外体育活动

课外体育活动作为大学生体育教育的重要组成部分,在高校体育教育中扮演着重要角色。课外体育活动能够增强大学生的体质,促进大学生的身体健康。大学生可根据自身身体状况及个人喜好并结合自身的职业发展需要选择适合自己的体育课外活动项目,制订科学合理的锻炼计划,从而促进身心健康发展。

(1)群众性体育竞赛。作为体育教育的另一重要形式,群众性体育竞赛一般包括校内和校外两种方式。前者通常是指校内举办的以班级、年级、院系等为单位的比赛项目,例如友谊赛、达标运动会等;后者通常是指派校队运动员代表学校参加的校外体育比赛。不管哪种方式都突出了群众性体育竞赛广泛性和多样性的特点。

(2)野外活动。在自然环境中开展的各种活动称为野外活动。例如,人们常见的水上运动、冰雪运动、空中运动等,这些从活动环境上来看都属于野外活动。各种各样的野外活动在陶冶大学生情操、提升大学生身体素质等方面起到了重要作用,这种作用是一般体育运动所不能替代的。

第二节　高校体育教学的目标与过程

一、高校体育教学目标

高校体育教学目标能够帮助人们更好地了解与掌握体育教学目标，并为体育教学目标的设计提供科学依据。具体而言，体育教学目标的主要功能如下：

(一)定向功能

体育教学目标是对体育教学目的的反映，在体育教学的开展过程中，体育教学目标发挥着方向性的作用，即体育教学活动是在体育教学目标的指导下开展的。基于此，体育教师在开展体育教学活动时，必须以体育教学目标为指导。

(二)激励功能

就体育教师来说，当体育教学的目标确定之后，会激励其为实现这一目标而全身心地投入体育教学工作，并在工作中始终保持较高的热情，确保体育教学目标能够实现。就学生来说，当体育教学的目标确定之后，会激发其参与体育教学活动的兴趣和积极性，这对体育教学取得良好的效果具有积极的意义。

(三)规范功能

体育教学相比于其他学科教学来说更为复杂，再加上新课程标准对体育教学提出的新要求，使得体育教学的难度进一步加大。在此影响下，一些体育教师在开展体育教学活动的过程中，很可能出现无法保证体育教学科学性的现象，继而导致体育教学无法取得理想的效果。要避免这种情况的发生，一个有效的举措便是让体育教师明确体育教学目标的规范作用，即要切实依据体育教学目标来选择教学内容、实施教学行为等，以确保体育教学的科学性和有效性。

(四)评价功能

所谓体育教学目标的评价功能,就是以体育教学目标为标准来评价体育教学活动的效果。比如,足球课程教学的目标之一是让学生掌握足球运动的相关知识与技能,那么在评价足球教师是否完成了教学活动时,就需要考虑其所教授的学生是否掌握了相关的足球运动知识与技能。

二、高校体育教学过程

体育的教学过程是为实现体育教学目标而计划和实施的,是让学生掌握体育知识和体育技能,以及其他教育内容的过程,包括时间和空间两个维度。与其他学科教学不同,体育教学过程既要关注个体,又要兼顾整体;既要尊重学生的个人意识,又要关注教师的教学目标,只有做到全方面、多维度地探讨体育教学过程,体育教学过程理论才能真正指导体育教学实践。

总之,体育教学过程是一种系统运行的过程,师生共同参与,由确定目标、激发动机、理解内容、进行身体反复练习、反馈调控与评价等环节组成。

(一)体育教学过程的基本要素

1.教学主体

(1)教师

教师是教学的组织者与管理者,决定体育教学过程的实施方法,即教什么(教材)和怎么教(传播媒介),并通过了解、激励、教育、指导影响学生,是教学活动的关键因素,起主导作用。

教师作为教学系统内的重要因素,在要素结构中所占比例应大小适度。如果教师的比例过大,主导性过强,势必会限制学生独立自主学习能力的培养。教师在教学过程中具体应该占有多大的比例,应视其他构成因素情况而定。在教授新学内容、教学内容有一定的危险或教授低年级学生时,教师应该发挥主要作用,负有更大的责任。在复习课、提高课中,教师如果过多干涉学生的学习活动,则会影响学生个性的发展、创造力的提高以及独立解决问题能力的培养,甚至起到相反作用。另外,随着现代教育理念的迅速发展,教师在体育教学过程中的角色也开始出现变化,教师已经不再是传统意义上的知识拥有者、传授者,其角色已经转化为教学过程中的指导者、协作者、帮助者、建议者,甚至是学习者。

（2）学生

学生是教育的对象,教材的选择、教学方法的制定均指向学生。学生又是学习的主体,如果没有学生积极、主动、自律地学习,教学活动就无法开展,"促进学生体育学习"的体育教学目标也无法实现。学生只有积极配合教师的教学活动,充分利用各种教学条件,认真学习教材内容,才有可能达到最佳的学习效果。

2. 传播媒介

传播媒介泛指教学过程中将教材内容传递给学生的各种方法、形式或工具,一般包含物质条件和方法手段两方面,具体包括讲解、示范、教具模型演示、电视技术、互联网技术、讨论、答疑、练习、游戏、比赛以及体育场地器材设施等,主要职能是传递信息。值得注意的是,教师在某种程度上也是传播媒介的一种形式,因而在教学过程的构成因素中具有双重身份。当代社会是一个开放式的、高信息量的社会,教师已不仅是传统意义上的知识拥有者、传播者,随着电视、互联网技术的普及发展,人际交往的进一步深化,学生获得知识的途径越来越多,单纯依靠教师获得信息的时代已经一去不复返。

3. 体育教材

体育教材是在体育课中为实现教育目标而精选、组织的身体活动的内容体系,是学生学习过程中所要学习的对象,即学习过程中认识的客体。教材内容的选择应该内容丰富,教材的编排也应该新颖、具有吸引力,这样才能使体育教学更加有效。

体育教材涉及内容、顺序和组合等多方面因素。教材内容涉及的是教什么的问题,教材顺序涉及先学什么后学什么的问题,教材组合则涉及在同一堂课中可以同时教什么的问题。由于我国疆域辽阔,地理状况、地区间的经济水平、学校物质条件等差异较大;另外,学生的兴趣爱好、技能水平、身体素质也存在较大的个体差异,因此教材内容、顺序、组合的选择应视地域、学生的实际情况而进行科学安排。体育教材在一定程度上决定了教师的教学思想、模式、方法,历年的课程改革总是以教材内容的改革为出发点。体育教师应该根据体育教材进行教学模式、教学方法的创新,以实现体育教育目标。

总之,坚持以教师的专业教学为指导、以学生认真学习为重点,充分利用体育教学工具和教材,才能让体育教学效果最大化。

4.教学评估

仅仅使各个要素达到最佳并不一定能够发挥整体的最佳功能,只有在追求各要素同步发展的同时,努力促进其协同配合,优化组合结构,在实现整体目标的前提下,充分发挥其个体功能,才能获得整体最佳功能,即"整体大于部分之和"。进一步而言,体育教学过程要达到其整体的最佳功能,并不是各个要素的个体功能简单相加,只有在充分发挥其个体功能基础上,树立整体观念,努力促进各要素协同配合,优化组合结构,才可以实现体育教学过程的高效率、高效益,保证体育教学沿着科学化的方向发展。对此,学校及体育教师在教学过程中应严格按照相关规章制度教学,制定健全的、科学的、统一的、明确的评估体系,判断不同阶段各要素之间相互作用的发挥情况及取得的成果,以便及时调整教学计划和教学目标,进而实现体育教学过程整体的优化。

5.教学环境

主观能动性是人们在实践中认识客观规律,并根据客观规律自觉改造世界,推动事物发展的能力和作用。体育教学过程中的主体始终是人,即"施教者"教师和"受教者"学生,充分发挥各自的主观能动性,教师以科学评估数据为依据,赞扬学生的成绩,鼓励成绩薄弱的学生,对于教师个人素养提升、学生掌握体育知识和技能有重要的现实意义。在这个过程中,存在一个不可忽略的环节,就是良好的教育环境对各要素作用发挥的影响。良好的教学环境不仅可以让教师的所学得以充分发挥,提升教学质量,而且能调动学生的积极性,发挥学生的创造力。

(二)体育教学过程的设计

所谓体育教学过程的设计是用流程图的形式,简洁反映分析和设计阶段的结果,表达教学过程,直观地描述体育教学过程中教师、学生、学习内容、教学媒体等基本要素之间的关系,为体育教师提供一个有参考价值的教学设计方案。以下为高校体育教学过程的设计原则:

1.发挥教师主导作用

作为人类文明和知识的传播者,教师是影响教学成果的关键。现代教学环境下,教师除了要做好课前准备,把体育知识讲清楚,更要打破传统体育教学模式的桎梏,培养创新思维,采用不同的方式引导学生自主学习、独立思考、敢于发现问题并解决问题,由最初的"授课"模式调整到更为适应现代科学技术迅猛发展需要的"解惑"模式。

2.学生为学习主体

学生作为学习的主体,要更好地吸收教学成果,培养独立人格,必须在体育教学过程中以教师的引导作用为依托,主动学习、学会学习,把握甚至是创造更多的机会实践所学,并从与教师、学生的沟通中启发智慧,对此需要教师在体育教学过程中积极引导。

3.媒体优化

在设想如何运用体育教学媒体时,需要考虑各种媒体的优化组合。传统教学过程中,过度依靠单一化的媒体方式会逐渐暴露出很大的局限性,如何使各种媒体的功能作用相辅相成,起到"$1+1>2$"的效果,以适应现代化教学进程,进而优化课堂质量,实现课堂的智能化、高效率,应当作为教学研究的重点。

4.体现体育教学方法

体育教学方法是体育教师在教学过程中运用清晰、准确的语言,与学生交流信息,或以具体的动作示范,或将完整的知识要点或技能要点分解后进行讲解的方法,也包括学生在教师引导下,根据教学要点反复练习、主动学习的方法,只有兼顾两者的共同作用,并借助媒介辅助作用的体育教学方法,才能促进教学目标与成果的达成。

第三节 高校体育教学的方法及优化

一、高校体育教学方法的内涵与层次

(一)高校体育教学方法的内涵

所谓教学方法就是指为实现体育课程教学目标,由师生共同完成的一切教学活动和教学方式的总和。它是由一系列行为组成的一个操作系统,具体包含教师和学生两个层面。可以从以下方面来对高校体育教学方法进行理解。

第一,高校体育教学方法是师生动作和行为的总和。体育教学方法的贯彻与实施需要师生之间的互动,互动又是通过语言、动作和行为来实现的,因此可以说体育教学是师生的语言、动作和行为的综合体。具体而言,学生要掌握体育运动的理论知识或者是某种运动技能,都必须经过体育教师的讲解、示范、纠正,在此基础之上,学生进行反复练习。

第二,高校体育教学方法和教学目标不可分割。所有的体育教学方法的应用都是带有一定目标性的,没有目标作为指导,一切方法都将失去存在的意义。同样,体育教学目标和任务必须通过教学方法作为中间媒介才能够得以实现。

第三,高校体育教学方法是"教"与"学"的统一。教师和学生之间只有通过有效互动,形成一种沟通的桥梁,才能真正发挥出体育教学方法的作用和价值。我们可以从教师的"教"与学生的"学"两个层面来理解体育教学内容和相关的体育教学活动。教师作为教授知识的主体,其选用的教学方法和手段都是以学生为对象的,学生对于知识和技能的掌握及其理解能力的提升是教学活动开展的重要契机;对于学生而言,他们只需要紧跟教师引导的步伐,积极参与学习和互动实践,与教师建立紧密的沟通和联系,以取得更大的进步。因此,只有将教与学切实贯穿教学的整个过程,积极促进教师与学生之间的互动与交流,才能够真正实现体育教学任务和目标。

第四,高校体育教学方法的功能具有多样性。现代教育理念赋予了体育教学多样化和丰富化的功能。现代体育教学既关注运动技能的掌握、身体素质的提升,同时更加强调学生素质的全面提升。

(二)高校体育教学方法的层次

1.体育教学策略

在体育教学方法的各个层次中,教学策略处于"上位"。教学策略实际是教学方法的组合,是教师将多种手法和手段组合在一起进行教学的行为方式。体育教学策略的优劣主要体现在单元和课程的设计思路和方案的设计。例如,作为一种广义的教学方法,发现式教学法主要是模型演示法、提问法、讨论法、归纳法等传统意义上的教学手段的有机组合。

2.体育教学方法

在体育教学方法的层次系统中,教学方法处于"中位",它与传统意义上的教学方法基本相同,是体育教师为达到一定的教学目标运用教学手法进行体育教学的行为与动作的总和。例如,提问法除检验学生对知识的掌握状况外,还可以激励学生积极参与课堂互动和对问题的思考。体育教学方法其实也是一门"技术",通常应用于某一教学步骤,而且会由于不同教师的教学风格不同而呈现出不同的特征。

3.体育教学手段

在体育教学方法层次中,教学手段处于"下位",它是传统意义上的教学方法的一部分。我们可以将体育教学手段理解为一种"教学工具",也就是说在某一个具体的教学步骤中可能会采用各种教学手段来协助教学课程的顺利完成。

二、高校体育教学方法的类型划分

(一)传统体育教学方法

1.传统体育教法

(1)语言教学法

所谓语言教学法,是指教师通过语言方式来描述体育知识、文化、动作要领、技术构成、教学安排等一系列活动要点的方法,学生通过对教师语言的理解,逐步掌握知识要点。

第一,讲解教学法。讲解教学法是指教师通过讲解来展开教学活动内容。讲解法一般用于体育理论的教学,在运用时体育教师需要注意学生所处的认知能力和知识水平。如果讲解的深度和难度超出了学生认知能力的范围,让大部分学生感到难以理解,则说明教师阐释的方式或者选用的教学内容不适合学生。

第二,口头评价法。作为体育教学中的教学方法之一,口头评价是最为快速和直接的一种评价和提醒,它不拘泥于某个具体的时间点和地点,既可以在课堂中进行,也可以在一节课结束之后进行,是体育教师对学生的学习和练习以及获得的学习效果进行的简要的、概括性的点评。口头评价可以按照评价的性质分为积极评价和消极评价两种。

第三,口令法、指示法。口令、指示的语言凝练,短促有力,因此在体育教学实践中教师可以适当通过口令、指示给予学生一定的知识,这种方式尤其适用于体育教学中的动作教学。

(2)直观教学法

直观教学法是通过给予学生的视觉等感官以刺激来促使学生对体育知识产生深刻的了解。直观教学法的优势和特点是直接、生动、形象,因此产生的效果往往也更具有震撼力和持久性。体育教学中有以下四种最为常见的直观教学法。

第一,动作示范法。动作示范法是指在体育教学中,教师通过对教学内容的动作示范,来帮助学生熟悉动作的结构和动作的要领,同时对该技术动作有一个整体的、比较形象化的了解。

第二,教具与模型演示。利用教具和模型等实际物体来辅助体育的教育教学,会使学生对于技术结构的理解更加简便和轻松。

第三,案例教学法。案例教学法就是在体育教学中用反面对比和类比等方法来举例子,让学生能够更好地理解所教授的内容。

第四,多媒体教学法。多媒体教学方法在现代体育教学中的使用越来越广泛,它可以形象生动地将教学内容展示出来,通过动画和视频的演示、慢放和定格等操作,将每一个动作的每一个重点和细节都精准地定位、展示和分析,从而使学生对动作技术有更加快速、清晰、深刻的认识,这是传统的肢体示范和口头讲解都无法实现的。需要强调的一点是,多媒体教学法的运用需要多媒体教学设备等硬件条件的支持,也需要教师具备多媒体操作技能作为软件方面的支持。

（3）完整教学法

完整教学法在体育教学中有着较为广泛的应用,其主要应用于教学实践课,重点强调体育教学过程中要完整地、不间断地对整个技术动作过程进行展示,使学生从整体上产生对动作的整体概念和印象。完整教学法在体育教学中的应用有以下三点需要引起注意。

第一,完整展示要及时。在通过语言讲解之后,要尽快进入整体展示的阶段,保持学生在认知上的连贯性,在语言讲解和整体展示的连续、双重作用下,促进学生对技术动作有正确的把握。

第二,前期的动作练习要适当降低难度。对于难度系数稍大的动作,教师可以先降低动作的难度和要求来引导学生完成完整的动作流程,然后逐渐增加难度,待学生比较熟悉动作流程之后再按照标准动作的要求来完成整个动作的学习和练习。

第三,要对动作的各个要素进行全面解析,而不是仅仅局限于将动作连续地展示给学生看。这里的动作要素主要包括动作的发力点、支撑点、用力的方向、大小以及所有影响动作标准的细节因素。

（4）分解教学法

分解教学法是与完整教学法相对的,更适合于高难度的运动项目。分解教学法的主要优势是分步教学,将原本很复杂的动作变得更容易理解和模仿,从根本上降低技术动作的难度。具体来说,分解教学法的应用需要注意以下方面。

第一,选择技术动作的分解节点,不要破坏整个动作的连贯性。

第二,注意依次教学和加强衔接练习。对于分解后的各个部分要按照其先后顺序进行练习,之后还要将各个环节的衔接处结合到一起,并对此做专门的强化练习。

第三,将分解法和整体法结合运用,可以获得更好的教学效果。

(5)预防教学法

学生的体育学习和教师的体育教学一样,也是一个开放性的过程,因此其受到各种因素干扰的可能性较大。除此之外,学生的理解能力、认知水平、身体的协调性和体能素质等各方面的条件也存在较大的差异,在学习的过程中学生不可避免地会出现各种各样的错误,这就要求教师注意观察学生的动作练习情况,总结出其中的规律,指出错误发生的根本性原因并予以纠正。预防教学法正是针对学生的错误认知、错误动作而提出的一种具有预防、阻断效果的教学方法。应用预防教学法有以下要求:

第一,体育教学中,在前期的讲解过程中要不断强化正确的认知,并对易于出错的地方予以强调,避免对动作的理解产生歧义和不正确的认知。

第二,教师在正式上课之前要对可能出现问题的地方进行预估,然后设计出一套比较完善和高效的解决方案,这样可以提高教学效率。

第三,可将口头评价的教学方法综合运用到实际的教学过程中,提示学生在关键之处不要犯错误。

(6)纠错教学法

所谓纠错教学法,是指在实际教学过程中教师发现了学生在理论认识和动作练习上的错误之后及时纠正的一种教学方法。其中动作错误主要体现在对动作理解上的偏差而导致的错误,或者是不够熟练,达不到标准的技术动作,针对不同的情况教师要加以分析,采用不同的引导方式。纠错教学法有以下具体的应用要求:

第一,纠错时要反复重申正确动作的要点,要使学生真正明白错误动作产生的原因,这样才能帮助他们及时改正,而且不会出现重犯的现象。

第二,必要的时候可以使用一定的外力帮助学生对技术动作形成正确的本体感觉。比起预防性措施,纠错具有较强的针对性,因此教师必须能精准分析错误源头,才能给出最为合理和有效的解决方案。

(7)游戏教学法

游戏教学法指教师通过游戏娱乐的方式促使学生对体育知识要点的掌握。该教学方法应用比较广泛,可用于各个学习时期,尤其适合低龄的

学生,其最大的优势在于可以调动学生的学习积极性。在进行游戏教学法的过程中需要注意以下方面:

第一,注意游戏的设计,其所涉及的行为方式、思维方式都应当与所教授的内容具有较高的相关性。

第二,游戏的设计和选择要注意学生的兴趣和偏好,应选择学生感兴趣的内容、方式。

第三,在游戏开始之前,教师要讲清楚游戏的规则和游戏的目标,注意游戏规则、目的的讲解。

第四,在开展游戏的时候,鼓励学生尽力而为,队友之间要形成良好的合作。

第五,在游戏过程中,教师要扮演好"警察"的角色,对于犯规的学生要给予一定的惩罚。

第六,游戏结束后,教师要问问学生的感受,同时对学生的表现给予中肯全面的评价。

第七,在整个游戏教学的过程中教师要提醒学生注意安全,提醒并禁止具有安全隐患的行为。

(8)竞赛教学法

竞赛教学法就是通过组织各种比赛来促进体育教学的一种方法。竞赛教学法可以提升学生的综合能力,是一种比较理想的训练方法和教学方法。具体来说,比赛可以增加学生运动技能的实践经历,使得那些高难度的动作和技战术不是纸上谈兵,还可以锻炼学生的团队协作能力,以及面对突发状况的心理调适能力和应对问题能力。竞赛教学法是体育教学当中具有特殊优势的一种教学方法,对于提升学生的心理素质、竞技水平以及他们的身体素质都有着不可取代的重要作用。关于竞赛教学法,其应用有如下注意事项:

第一,具有明确的目标。一般是通过竞赛提升学生相关运动项目的技能水平,例如通过足球运动竞赛切实提高学生的足球运动水平。

第二,合理分组。各个对抗队的人员实力要处于相近的水平,这样才能通过激烈的竞争获得共同的提高。

第三,客观评价。教师要密切关注学生在竞赛过程中的表现,既要从整体上把握,又要看细节的处理,只有做到这一点才能给学生以最客观和中肯的评价,使学生能够清晰地意识到自身的优势和不足,促进他们获得进一步的提升。

第四,竞赛教学法的前提条件是学生对于运动项目有一定深度的理解,并且已经熟练掌握相关的技术动作,这样可以有效避免由于不熟练带来的运动伤害。

体育教师不能仅限于某一种教学方法,而是应当不断地尝试和学习新的教学方法,并结合教学的实际情况科学、灵活地选择和组合,这样才能显著提高体育教学的质量。

2.传统体育学法

(1)自主学习法

自主学习法是指学生主动发现、分析、探索,独立自主地进行体育学习的方法,但这并不意味着学生可以完全脱离教师的指导,而是要在教师一定的引导下开展自主性学习活动。体育教师指导学生进行自主性的体育学习,应当注意以下方面:

第一,难度要适当。由于是自主性学习,学习过程应以学生自己思考与探索为主,这对于学生来说并不是一件轻而易举的事,因此教师要注意根据学生的年龄阶段、认知特点,为学生选择难度适当的学习内容,保证其具有一定的挑战性,但又不至于无法完成。

第二,明确学习目标。教师要为学生的自主学习制定一个清晰的学习目标,通过这个学习目标学生要清楚地知道自己要完成的任务是什么,通过自主学习学生需要解决哪些问题以及要达到什么样的水平。

第三,学生要参照学习目标,在学习过程中学会自我调控。一是对学习过程要有一个整体的把握;二是要学会积累各种学习方法,并思考学习方法与运用场景之间的联系;三是要有创新思维,在对具体情境进行较为客观判断的基础上将已有的知识进行迁移和组合,从而创造出专属于自己的新策略。

第四,教师要对学生的自主学习给予适当的辅助与引导。学生的自主性学习并不是放任不管的无组织的学习,相反它是一种更有计划、有目标的学习过程,在这个过程当中教师要关注学生的学习进度,如果出现不妥当的情况,如学生的学习路径或思考方式与学习目标发生偏离就需要及时进行纠正。

(2)合作学习法

合作学习法就是指在学习的过程中强调合作的重要性,强调学生之间的相互帮助和配合,通过合理地划分工作任务和相应的责任,最终共同圆满地解决问题,达到教师所设定的学习目标,完成教师布置的学习任务。

第一,确立学习目标,通过该合作式学习预期要达成的效果是什么,要重点培养学生哪方面的能力。

第二,将全部的学生分成实力相当的小组,依据任务的特点,将不同性格、性别、特长的学生进行合理搭配,以促使学生之间的取长补短。

第三,确定小组研究课题,引导学生合理地进行组内分工,并探讨如何提高全组的整体学习效率。

第四,完成小组学习任务。

第五,各个小组之间进行学习和交流,分享各自的经验和心得,通过交流和分享,各个小组可以相互学习,发现自身的优势和不足。

第六,教师关注、监督和评价学生学习的过程,并帮助学生一起做好学习总结。

3. 传统体育练法

(1)重复训练法

重复训练法就是通过不断重复进行某一个训练内容来提高身体素质和运动技能的一种体育学习方法。重复训练法的核心和本质就是通过重复性的动作使得某一固定的运动性条件反射不断地得到加强,使得身体产生一种固定的适应机制,进而使学生实现对技术动作的掌握。

(2)持续训练法

持续训练法就是不间断地、持续地进行某项身体练习的训练方法,其前提要求是要保持一定的负荷、强度和运动时间。

（3）循环训练法

当训练内容较多的时候可以采用循环训练法。其具体操作就是将这些训练的项目先按照一定的原则进行排序，依次完成之后回到最初的任务开始训练，不断重复所有的训练内容。循环训练涉及不同的训练内容，因此在一定程度上可以增强学生对体育学习的积极主动性。

（4）完整训练法

完整训练法就是指在整个训练过程中只完成某一个动作、某一套连贯动作或者某一个技术配合，其最显著的特征是整个训练过程流畅自然、一气呵成。完整训练法的应用注意要点如下：

第一，完整训练法比较适合单一技术训练。

第二，如果是针对复杂的技能训练，就需要学生具有良好的基本技能基础。

第三，在战术配合的完整训练中，教师要在战术的节奏、关键环节的把握等方面做适当的指导。

（5）分解训练法

分解训练与完整训练是相对而言的，是从训练内容的各个阶段和环节出发，对其中的每一个部分做精细化的研究和训练，并做到各个击破，最后达到整体掌握的目的。

（二）新型体育教学方法

1.娱乐教学法

增强学生体质是学校体育教学积极效应的重要方面，这一点似乎是毋庸置疑的，但是在现实的教学过程中仍然有相当一部分学生对体育课堂的学习不感兴趣，不能积极主动地参与体育活动。

因此，为了激发学生对体育课的兴趣，更好地焕发出体育运动本身具有的独特魅力，就必须改变过去单一的教学形式，积极采用娱乐教学法，重新编排和组织体育教学内容；在娱乐教学过程的设计上，体育教师也需要下功夫，积极探寻每一堂课教学内容当中的娱乐性成分和娱乐性元素，或者考虑如何将娱乐性元素如游戏、音乐、竞赛、趣味性道具的使用等穿插到体育教学过程当中。当然，该做法会给教师的工作带来一定的负担和压力,但可以充分展现出体育教学内容的丰富性和趣味性,只有当学生的学习兴趣提高了,学生的学习效率才会随之得到提高。需要注意的是,在该方法的使用中要避免走纯娱乐的极端,如果失去了对培养学生强健体魄和学习能力的本质任务的把握,那将是得不偿失的行为。

2.成功教学法

成功教学法就是按照学生的接受能力,将教学技术动作的精华部分提炼出来,适当降低其整体难度,鼓励学生凭借自己的意志力和理解能力顺利完成动作的学习。在该过程中,学生通过对技术动作的顺利完成体会到成功给自己带来的舒畅感和快乐感,这是任何外来的鼓励都无法比拟的,由此,学生对体育学习的信心大增,坚信自己可以学习好其他的体育运动技能。

3.逆向思维教学法

逆向思维教学法是指以与常规思维相反的思维方式来开展教学活动的一种教学方法,从常规的思维角度来说,教师一般都比较习惯按照技术动作自然发生的顺序来进行体育教学,但有时候按照反常的程序来教学反而可以取得更好的教学效果。例如在跳远教学中,可以先教起跳,然后教助跑和落地动作;标枪教学中,可以先教投掷动作,再教助跑,最后将各个部分组合到一起,做完整练习。此类教学有一个共同点就是把最难的部分放在最前面来学习,因为这部分动作的正确与否对运动项目的比赛成绩起决定性作用。

在体育教学实践中,教师会发现学生总是学不会一个看似很简单的动作技能,尤其是当这种问题呈现出普遍性特征时,教师就需要用逆向思维来看待这些问题,因为很有可能问题不在于学生的"学",而在于教师的"教",教师应及时反思教学中是哪个环节出现问题,这种"反思"其实也是逆向思维教学法的一种体现。

4.探究教学法

探究教学法就是指教师着意引导学生在教学过程中发现问题、分析问题,最终提出可行性方案而解决问题的一种教学方法。通过该教学方法,学生在探索和分析的过程中不知不觉地掌握了相关的知识和技能,同时培养出高超的洞察力和知识迁移能力。探究教学法符合现代教育教学理论以及以学生为主体的教学理念,因此越来越受到体育教师的重视。在探究教学法的应用过程中要注意以下问题:

(1)目的要明确。教师要提前确认研究计划,确保体育教学目标的实现。探究的目标模糊或者实际教学与探究的目标相背离,会造成无效的教学,浪费师生的时间和精力。

(2)探究的内容和主题要与学生的运动水平以及他们的认知能力相一致。教学内容太简单,学生会感到没有激情和挑战性,继而产生无聊的感觉;内容难度设置过于高深,又会打击学生体育学习的自信心。因此教师要深刻理解这一点,引导学生做难度适中的探究性学习。

(3)对于一些难度偏大的探究性客体,学生通过努力仍然没有较为理想的思路的时候,教师要适度地予以启发和鼓励。

三、高校体育教学方法的体系构建

(一)教学方法体系构建的依据

在体育课程改革的过程中,"目标统领教材"是一个重要的指导思想,其要求是依据教学目标来选择体育教学内容。从广义上讲,教学内容涉及的不仅有教师所教授的知识和技能,同时也包括观念、思想、行为和习惯等与学习能力相关的种种要素。也就是说,学生的学习过程就是将教师所教授的内容内化为自我知识体系和心理体系的过程。这个过程不会自动发生,而是需要教师通过一定的教学方法才能够实现。按照体育新课标的具体要求,我们可以得知对于体育教学方法的选择要视学校的具体情况和学生的身心发展特点而定。

传统体育教学大纲对体育教学目标、内容和考核的标准等方面都有明确规定,依据学习内容性质的不同,可以分成五个主要的体育学习领域,也能通过与该领域目标的相互渗透和影响,形成"目标—内容"关系,即目标决定内容选择,内容选择促成目标。此外,新课标还将体育教学内容的学习水平分成六个等级,并且对每一级目标都有明确的定义,从而体现出体育教学的特殊性。

新课程标准对学校体育教学方法的选择提供了一定的理论指导,促进了"目标—内容—方法"教学体系的初步形成,在这样的一个体系指导下,不同地区、不同学校在选择体育教学内容和方法的时候就有了具体的参考和选择的空间。

(二)基于新课标的教学方法体系

新课改使学生的学习方式发生了巨大变化,摒弃了过去那种纯粹的接受式的、被动式的学习方式,取而代之的是体现学生主体性的、主动式的、具有探索性的、研究性的学习方式的建立。

要彻底实现这一转变,教师的努力起着举足轻重的作用。其主要体现在三个方面:①了解学生兴趣爱好、个性特征、学习能力等的具体情况;②充分考虑学生的年龄特征及其身体生长发育的规律;③为课堂师生的互动提供广阔的空间。

因此在实践中必须建立起一个新的、完善的教学方法体系以适应新课标的要求,新时期体育教学要遵循体育教学客观规律,结合具体教学内容,按照划分的五个领域和六个级别构建新的体育教学方法体系。

四、高校体育教学方法的选择标准

目前,各个学校在开展体育教学时所采用的方法丰富多样,且各具特点。要想将教学方法的价值真正发挥出来,各个学校体育教师就一定要重视教学方法的选择。具体来说,学校体育教师为体育教学挑选方法的标准主要有以下方面:

(一)依据教学目标进行选择

根据教学目标、教学任务的不同,教学方法在选择上也会存在一定差异。具体来说,体育教师在基于体育教学目标选择体育教学方法时,需要注意如下事项:

(1)体育教师一定要基于体育教学的总目标来选择体育教学方法,以此来确保不管是每次课的教学目标还是总体教学目标都能实现。

(2)体育教师在选择教学方法时,一定要基于本次课的教学目标来选择合适的教学媒体以及方法。

（3）体育教师在选择教学方法时，一定要注意将教学目标进行细化，据此确保每一个小目标都能实现。例如，出于引导学生学会新技能的目标，体育教师应该多运用讲解、示范、分解、模仿等教学方法。

（4）学校体育教学在选择方法时不能只为一时的收益，而放弃长远利益。

（二）依据学生特点进行选择

体育教学所面临的群体主要是学生，如果没有学生，体育教学将会失去其存在的意义。具体来说，体育教师在选择体育教学方法时首先需要考虑的是这一教学方法是否有益于促进学生体育学习，所以一定要基于学生群体的实际需求以及特点来选择教学方法。这要求体育教师既要关注学生的群体特点，又要关注学生的个体特点。体育教师在基于教学对象即学生的特点来选择教学方法时，应该重点关注如下几点。

（1）就学生这一群体所具有的特点来说，体育教师一定要注意把控这一群体的共性，据此来选择体育教学方法。

（2）就学生这一群体的个体特点来说，体育教师应该关注学生个体差异，据此安排教学方法。

（三）依据教师条件进行选择

在体育教学活动中，体育教师不只是组织者、指导者，还是安排者、选择者、实施者。因此，体育教师在选择教学方法时应该考虑自身的相关条件，具体要求如下：

（1）体育教师在选择体育教学方法时，应该注意考虑该方法是否适合自身。换句话说，体育教师应该考虑运用这一方法是否可以将自身的素质水平、知识结构、教学能力与经验发挥出来，保证教学的顺利进行。

（2）体育教师在选择体育教学方法时，应着重研究这一教学方法是否和教师的教学风格、性格特征契合。

（3）体育教师在选择体育教学方法时，应该与本次课的教学目的以及课堂内容进行结合。

总而言之，体育教师在为学校体育教学选择教学方法时，一定要注意基于自己的特点来选择教学方法，扬长避短，使教学方法更具针对性。

(四)依据教育理念进行选择

在选择教学方法这一过程中,教学理念具有重要指导作用。具体来说,体育教师在为学校体育教学选择方法时,应在最新体育教学理念的指导下进行,需要遵循如下几点:

(1)现代体育教学深受素质教育的影响,强调以实现学生身心健康全面发展为目标。对此,体育教师在为学校体育挑选教学方法时应坚持"以人为本",保障学生可以积极主动地参与体育学习,同时有利于学生"终身体育"意识的形成。

(2)体育教师在选择体育教学方法时,应该坚持以学生为主,根据学生实际需求来选取教学方法,进而确保学生的积极主动性被充分激发出来。

(3)体育教师在选择体育教学方法时,应该注意对学生体育意识的培养,为其走出校门、走向社会后继续参与体育活动奠定扎实的知识与技能基础,保证其在未来发展中可以主动参与体育运动。

(五)依据教学内容进行选择

学校体育所涵盖的教学内容丰富多样,为了能够保障学生掌握这些教学内容,教师需要据此来选择特定的教学方法,这样才能确保整个教学得以顺利进行,学生得以深入掌握教学内容。在学校体育教育教学系统中主要有两个构成系统——教学内容和教学方法,二者存在十分紧密的联系。因此,在选择教学方法时一定要重视对教学内容的考虑。操作要求具体如下:

(1)体育教师在选择体育教学方法时,一定要重视教学方法的实用性,即保证其可以切实可行地在体育教学中加以运用。例如,体育教师在教授技术动作时,应该运用主观示范法为学生讲解该技术动作。

(2)体育教师在选择体育教学方法时,应该注意基于教学内容的表现方式进行选择,以此保证学生以极大的热情尽快掌握这种教学技术。不同的方式具有不同的特点,学生可以根据实际内容选择适合的教学形式。

(六)依据教学环境与条件选择

体育教师在选择体育教学方法时一定要综合考虑整个教学活动牵涉

的教学因素,尤其要重视对客观教学环境与条件的考虑。

具体来说,教学环境不仅包含场地、器材,还包含班级人数、课时数等。与此同时,外界社会文化环境的好与坏也会对教学环境产生十分重要的影响。

在开展学校体育教学活动过程中,人的主观意志也会对教学方法的选择产生十分显著的影响。体育教师在选择教学方法时,除了需要关注客观教学环境因素之外,还需要对某一种教学方法所需要的客观环境和条件加以充分考虑。

五、高校体育教学方法的优化与创新

(一)高校体育教学方法的优化

1.转变高校体育教学理念

当今社会信息技术发展迅猛,教学与网络技术的融合已经成为一个不可逆转的趋势。事实证明,在教学中运用网络技术,可以极大程度地保证整个教学取到良好的结果。为了能够将网络技术的作用发挥出来,体育教师需要及时对教学理念进行调整。对此,学校体育教师和相关工作人员一定要以开放的态度面对当下流行的新理念、新事物,以此来为现代体育教学手段在体育教学中的实际应用提供便利。体育教师要严格要求自己,提升专业素质,努力在实际教学中不断发现自我、完善自我,保证信息技术在体育教学中发挥出最大作用。

2.加强教学手段创新意识

要想实现体育教学手段的创新,关键在于引导一线体育教师以及体育教学相关管理部门形成正确的思维和意识。倘若体育教师具有创新意识,那么他们不管在教学中还是在与学生日常接触中,都会时时刻刻关注培养学生对体育运动的兴趣,并注意学生创新能力的提升。

3.优化体育教学硬件设施

学校配备足够的体育教学场地、设施、器材装备,可以很好地满足开展体育教学的实际需要,这同时也是发展体育教学的手段,实现教学现代化的基础。

4.充分利用体育教学软件

体育教师在开展体育教学过程中,要基于集计算机、投影仪、录像播放三者于一体的多媒体技术,将那些难度相对较高的动作技术制成电脑动画,以便学生可以多次地、慢速地、多方位地、动静结合地来观看整个技术动作的演示,如再配以一定文字对该类动作的关键部位进行解释说明,学生势必会对所学动作技术要领和动作结构有更加深刻和清晰的理解与认识,这样可以确保学生对正确动作快速形成概念,极大程度地提升教学效率。

那些功能强大、全面、实操性较强的教学软件可极大程度地激发学生学习体育动作、体育理论的兴趣。这进一步说明教学软件的开发利用在学校体育教学中扮演着非常重要的角色。例如,在开展篮球体能训练时,体育教师采用动画或者视频等动态形式对体能训练进行讲解,供学生反复进行观看,再配合文字讲解,就可以直接对学生的感官神经产生一定刺激,使学生产生强烈的好奇心与兴趣。具体来说,大力开发体育教学软件,除了有益于进一步优化体育教学内容、教学模式之外,还能进一步拓展以及丰富学生对所学内容的领悟路径。

此外,出于进一步丰富和拓展体育教育资源的目的,各学校还应该搭建立网上教学资源库,以便学生借助校园网在教学资源库中获取自己所需以及自己感兴趣的知识,有利于为学生营造出一个更好适应、高度互动、个性化的智能教学环境。

(二)高校体育教学方法的创新

1.分阶段教学方法

(1)准备活动的方法创新

准备环节是学校体育教学的重要环节之一。好的准备活动可确保学生不管是身体机能还是心理机能都可以快速进入准备状态,极大程度地降低运动损伤的发生概率,使整个运动过程得以顺利进行。因此,体育教师在创新体育教学方法的过程中,应该以准备活动为着手点,让学生得以放松身心,为后续教学的顺利进行提供保障。

具体来说,准备活动通常可分成两种形式,即一般性准备和专项准备。在一般性准备活动中,可通过游戏的形式激发学生的参与热情。例如,可以采用以"贴人""报数"等为代表的过程简单、组织便捷且具有极强灵活性的游戏,引导学生的身心迅速处于准备状态。而在专项准备活动中,体育教师可基于教学内容适当引入一些与之相关的内容。例如,体育教师可在开展投掷类运动之前开展一个传球游戏,既可以让学生放松身心,激发学生学习的热情;又可以让学生做好热身,避免运动损伤的发生,进而为后续教学的顺利进行做好铺垫。

(2)课堂教学的方法创新

体育教师将创新理念融入实际教学中,一方面可使整个课堂氛围更加生动活泼,使原本枯燥且单一的训练充满乐趣;另一方面又可将学生的学习热情尽可能地激发出来,使学生不仅可以深入理解相关理论,还能尽快掌握相关运动技能,促使整个教学取得理想的成效。

(3)结尾阶段的方法创新

体育教师如果在开展学校体育教学过程中很好地对结尾阶段进行创新,会让学生产生一种意犹未尽的感觉,这无疑对学生运动习惯的养成、运动意识的形成具有十分重要的意义。

(4)游戏形式的方法创新

游戏法是学校体育教师创新体育教学方法的重要形式之一。这种方法相对其他类型的教学方法更具娱乐性,可提高学生学习热情,是当下较为理想的教学方法之一。大学生不管是判断力、观察力还是想象力、反应能力都是极强的,游戏可以很好地将学生的智力展现出来。因此,体育教师在具体开展学校体育教学时一定要设计出一些更具趣味性、创新性的游戏,进而引导学生实现全面发展。

2.组合创新教学方法

组合创新教学方法顺应了现代体育教学方法优化组合的发展趋势。所谓组合创新,主要是指体育教师基于合作学习法来进一步对教学方法进行完善和创新,使体育教学最终收获良好的教学效果。

第二章 体育教学原则

第一节 健康性原则

一、健康性原则提出的背景

(一)如何理解"健康第一"

世界卫生组织经研究提出了影响个人健康和寿命的四大因素:生物学因素、环境因素、卫生服务因素和行为与生活方式因素。

1. 生物学因素

生物学因素是指遗传和心理。人是由分子、细胞、组织、器官和系统构成的超高度复杂机体,影响健康的生物学因素包括由病原微生物引起的传染病和感染性疾病,某些遗传或非遗传的内在缺陷、变异、老化而导致人体发育畸形、代谢障碍、内分泌失调和免疫功能异常等。遗传不是可改因素,但心理因素具有可塑性,保持积极的心理状态是保持和增进健康的必要条件。

2. 环境因素

环境因素包括自然环境与社会环境。所有人类健康问题都与环境有关,污染、人口和贫困是当今世界面临的严重威胁人类健康的三大社会问题。社区的地理位置、生态环境、住房条件、基础卫生设施、就业、邻居和睦程度等,都不同程度地影响着社区人口的健康。社会环境涉及政治制度、经济水平、文化教育、人口状况、科技发展等因素,良好的社会环境是人民健康的根本保证。

3.卫生服务因素

卫生服务的范围、内容与质量直接关系到人的生、老、病、死及由此产生的一系列健康问题。

4.行为与生活方式因素

行为是指人们受文化、民族、经济、社会、风俗、家庭和同辈影响的生活习惯和行为。生活方式是指在一定环境条件下所形成的生活意识和生活行为习惯的统称。不良生活方式和有害健康的行为已成为当今危害人们健康、导致疾病和死亡的主因。

由以上分析可见,在学校教育中要树立健康第一的基本理念,必须有大健康观和系统意识,即学会用科学的世界观和方法论看待健康问题。首先,要树立宏观的整体健康的思想,从增进学生健康的大局出发,对学生健康问题进行综合分析、灵活设计,注重引导并贯彻到学校教育的各个环节,全方位、分层次、多渠道挖掘学校健康工作的实效性。其次,要把学生健康工作与社会大环境、家庭环境以及学校环境相结合。

(二)"健康第一"是学校教育的宏观战略目标

健康第一作为实施素质教育的宏观战略目标之一,体现了党和国家对我国青少年身心健康的重视。健康第一是贯彻我国教育方针的需要,是适应教育发展规律的需要,是青少年生理、心理的需要。教育的本质属性就是根据一定社会的旨意所进行的培养人们活动,或者说是培养人的过程。教育就是要培养适应社会需要、身心全面发展的人。

(三)"健康第一"是整个教育的需要

"健康第一"理念的提出主要是针对长期以来我国教育过程中存在的重智育、轻体育及德育、美育、劳动技能教育的错误倾向提出的。20世纪末中共中央、国务院针对一些地区和学校的教育思想还不够端正,学校教育"健康第一"的指导思想还没有真正贯彻落实,片面追求升学率的倾向及忽视体育卫生工作的问题仍然没有得到根本解决的情况,在《关于基础教育改革与发展的决定》中再次强调基础教育要贯彻"健康第一"的思想,切实提高学生体质健康水平,并要求充分发挥各有关职能部门的作用,共同营造一个全社会都来关心青少年身体健康的大环境。由此可见,"健康第一"并不是专门针对学校体育而言的,学校体育在"健康第一"总的教育指导思想下应该有自己特殊的指导思想。

(四)"健康第一",不是"健康本位"

"健康第一"在学校体育中并非"健康本位",也不是要淡化竞技体育。"健康第一"是针对实现学生身心发展的地位和作用而言的,健康在青少年身心发展中处于核心地位,身体健康之所以如此重要,是因为人的心灵是有机体演进的结果,是有机体的一种功能。在学校体育中贯彻"健康第一"绝不应排斥竞技体育,而是要克服以往过分强调以运动技术为中心的单一教学模式。竞技体育中那种不断超越自我的意识,以及它对人的教育和社会化、对个性发展和审美意识的培养等,在学校体育中有着不可替代的积极作用。所以说,学校体育应该包含竞技体育,在体育教学中应根据青少年特点对竞技体育项目大胆加以改造,吸取竞技体育中的有益部分,摒弃竞技体育中商业化、成人化倾向,使竞技体育更好地为实现学校体育的目标服务。

(五)"健康第一"的学校体育关注"全人"教育

"健康第一"的学校体育应该是既关注"全人"的教育,又对健康有特殊的贡献。学校体育具有促进学生身体正常发育和增进学生在身体、心理和社会适应能力方面健康发展的作用,因为这一独特的作用,学校体育在学校教育"健康第一"的基本理念下更是被推上了前台。作为学校教育重要组成部分的学校体育,在"健康第一"的指导思想下,它的目标不仅是增进学生健康,而是更要发挥体育在教育中的独特作用。

教育的根本问题是"育人",培养人是教育的根本职能,是教育的本质所在,这决定了人的问题是教育的中心问题,决定了人是教育最基本的着眼点,教育的直接目的是满足人自身生存和发展的需要,促进人的自由、全面发展是教育的最高目的。从根本上讲,教育应当把人作为社会的主体来培养,而不是把人作为社会的被动客体来塑造。正是因为有体育的相倚相伴,人类才在物种的进化中获得了得天独厚的优势,获得了自身生命不断超越的智慧和能力。可以说,通过体育凸显生命的价值是人类的发明。学校体育就其生存地位和形态而言,具有双重属性。体育具有社会价值、社会目的,同时体育又是人为的,所以体育的终极目标应该是为人的,学校体育应关注"全人"的发展,关注学校体育与人的成长、发展的关系,关注个体生命的成长,关注生命活动的释放、生命情趣的体验和生命的价值取向。

学校体育关心的不只是让学生掌握知识、增强健康、提高技能、达标等外在目的,也应关注学生的需要、情感、意志、个性、特长、生命、生活,关注学生的人生境界、生存质量及发展前景,这应是学校体育的理想追求。

二、健康性原则的概念、依据、要求

(一)健康性原则的概念

健康性原则是指体育教学必须围绕增进学生健康这一目标来开展教学。从教学内容的确定到体育教材的选编,从教学方法的选择到教学手段的运用,都将渗透这一原则。在体育教学中,教学的重点既指向学生的身体发展,更要指向学生的心理发展与完善,促进学生身心协调健康地发展。

(二)健康性原则的依据

健康的内涵随着社会的发展、人们自身对健康认识逐步提高而不断地扩大。最初人们认为作为一个生物人无非是生理方面的健康,即体质好,生长发育正常,没有疾病,这就形成了单纯的生物健康观。后来人们认识到心理方面的健康也很重要,健康的人必须智力发育正常,精神、情绪、意识方面均处于良好的状态,于是提倡身心健康全面发展。后来发现还不够,又加上了社会学的属性,如善于与人合作、集体观念、对社会的适应能力等。最后形成了生理、心理、社会三种属性为一体的三维健康观,三种属性相辅相成、相互促进、不可分割。学校体育是教育的重要组成部分,是促进学生健康发展的重要手段,理所当然要坚决树立健康性原则。

《中共中央国务院关于深化教育改革全面推进素质教育的决定》指

出："健康体魄是青少年为祖国和人民服务的基本前提,是中华民族旺盛生命力的体现。学校教育要树立健康第一的指导思想,切实加强体育工作。"这是教育整体改革的重要方向,更是学校体育工作的重心。尽管我国青少年的健康水平较新中国成立之时有了极大的提高,但在国家改革开放的新时期,对青少年的健康又提出了新的要求,同时赋予了健康新的内涵,即生理、心理、社会和谐统一的健康观。如果说当时提出这些号召是有社会现实使命的话,那么现在提出健康性原则更是离不开当今社会发展的需要。无论是社会主义现代化建设还是改革开放,都离不开生产力中"最革命、最活跃的因素",也就是人。

(三)贯彻健康性原则的要求

1. 重构学校体育内容

从客观上分析,学校体育包括体育教学、课外体育活动(早操、课间操、课外体育锻炼、运动训练和竞赛)等内容,其中体育教学是学校体育的重心。但在实际操作过程中,由于体育教学组织和评价的复杂性,使得学校体育的评价中突出的是运动训练和竞赛这一在评价中最具客观性的内容。因此,各类学校将重点转移到运动训练和竞赛方面来,与之相适应的各类竞赛活动呼之欲出,本是用来促进学校体育发展的运动会反而成了学校体育发展的阻碍因素。学校体育组成部分(形式)的体育课,对贯彻健康性原则只能起一个引导作用,而运动训练和竞赛不可能照顾到绝大多数学生。因此,学校体育的重心应由体育教学或运动训练转向课外体育锻炼,各级教育(体育)行政主管部门应加大这方面引导和管理的力度,从教材选编、组织管理、评价等多方面加以指导。

2. 改变传统的教学模式

要使教学变成"学生要学什么,教师就教什么"的教学模式,学校体育重心由课堂体育教学转向课外体育活动,学生有更大的自由度,有更大的自由选择内容、方法、手段的空间,体育教学就要为课外体育活动服务。长期以来,课外体育活动成了课堂体育教学的补充和延伸,严重影响了学生积极参与课外体育活动的主动性。

健康性原则要求的对象是学生，而不是教师。贯彻健康性原则体现在学校体育的整个体系中，而不是其中的某个方面。因此，要贯彻健康性原则，就必须促使学校体育重心由体育教学向课外体育活动转变。学生的体质、身心健康应成为衡量学校体育卫生工作质量的最重要的指标。

3.面向全体学生

作为被教育者，每一位学生都同样有接受教育的权利，作为学校教育的一部分，学校体育也不例外，它需要面向全体学生。长期以来，学校教育以"应试教育"为主，学校体育以竞技运动为主体内容，从教学内容的选择、教学方法的运用到学校体育工作的评价，都是以竞技运动为主要标准，特别是运动竞赛成绩在很大程度上作为衡量一个教师、一所学校体育工作成绩的主要评价指标，使得体育教师和学校将大量的精力投入运动训练和竞赛方面。对绝大多数学生而言，掌握相关的竞技运动技术固然必要，但一些竞技运动难度大、要求高，使学生对体育课有一种畏惧的心理，并且这对学生的健康成长也不一定是有利的。面向全体学生，不是要求教师或学校对每一个学生用同样的要求或标准，而是要根据学生的实际健康水平和身体情况，有针对性地运用不同教学手段，与此相适应的竞技运动训练和竞赛也应根据不同的运动水平来安排，使广大学生都能体验到运动竞赛的乐趣。同时，通过学校体育重心的转移，使学生们在课外体育活动中不仅能体验到运动的乐趣，更能使他们得到健康的身体。

4.以"健康第一"为主流价值取向的学习评价

以"健康第一"为主流价值取向的体育课程与健康课程学习评价体系发生了重大的转变，评价内容转向多元化，评价方法呈现多样化，评价形式民主化。新课程中的评价内容有学生的身体状况、体能健康测试、知识技能的评价、学生的学习态度、积极参与运动的行为、运动习惯、意志品质、自信心、情感状态，真正体现体育课程与健康课程学习面向全体学生的基本理念。评价方法上注重绝对性评价与相对性评价、终结性评价和过程性评价相结合。通过将学生的每学期结束时终结性评价结果与入学成绩进行对照，发现每个学生一个学期学习体育课程进步的幅度。相对性评价有助于学生建立起体育课程学习的自信心和自尊心。过程性评价是通过各种评价方法,如体育教学日记或课程小结等,对学生学习的各个方面进行若干次评定,并将结果及时反馈给学生,对体育教学具有反馈作用。评价形式采用教师和学生都参与评价的形式。学生自我评定是针对运动技能、态度、情意表现与合作精神等进行的综合评定;组内互相评定是由学生对组内各个成员进行综合评定;体育教师评定由体育教师对照身体素质、运动技能、运动能力的评价进行综合评定。能否实现以"健康第一"为主流价值取向的体育课程目标,体育课程评价是其中的一个重要方面。学校应该建立促进学生全面发展的评价体系,合理科学地评价学生学习体育与健康课程效果,使课程评价成为促进学生更好地进行体育学习和积极参与体育活动的有效手段,真正实现"健康第一"的终极目标。

第二节　创新性原则

一、创新性原则提出的背景

创新是指在前人已有发现或发明成果的基础上,有新的发现、新的发明、新的创造,不断超越前人的过程,这一过程需要通过造就创新人才来实现,而肩负这一历史使命的就是创新教育。创新教育是以从不同角度开发人的探索精神和创造素质为基本价值取向的教育。这种教育通过独特的教与学的方式,开发和激励人的创造潜力,培养和强化人的创新精神和创新能力。这种独特的教育不仅符合时代的要求和人才成长的规律,而且是实现素质教育的最佳境界和培养顶尖人才的最佳手段,也是我国实现素质教育的有效途径。

创新就是为了适应和推进社会发展而创造出新思想、新理论、新方法、新技艺、新手段及新的物态(知识、人才、产品等)的过程。社会的发展归根结底取决于生产力的发展,科学技术是第一生产力,科学衍生出技术,科学的本质是创新。创新是一个民族进步的灵魂,是一个国家兴旺发达的不竭动力。当今时代,科技发展日新月异,国际竞争日益激烈,各国之间的竞争,说到底是人才的竞争,是民族创新能力的竞争,而教育是培养人才和增强民族创新能力的基础。为了贯彻落实科教兴国战略,为中华民族伟大复兴培养大批具有创新能力的高素质人才,我国必须大力推进教育创新。教育创新必须在各级各类学校从办学理念,教学观,学习观,人才观,课程体系,教学内容、方法、手段,人才培养模式,教学评价等方面进行改革,建立符合受教育者全面发展规律的新的教育模式,实施创新教育。

(一)创新教育提出的缘由

创新教育是针对传统教育而言的。传统的教法、教学机制和教学模式,限制了学生的想象力和创造力,致使培养学生探究能力和创新能力的教育目标难以实现。教育理念是人们对教学和学习活动内在规律的认识的集中体现,同时也是人们对教育教学活动的看法和持有的基本态度和观念,它是教育者从事教育教学活动的指导思想和行动指南。在传统教学理念的支配下,我国的教育形成以传授、继承已有知识为中心的教育观念,重理论轻实践,重知识轻能力,重接受轻探索,特别是在教育教学的方式方法上,忽略个体差异,不是以学生的需要来设计教育和教学。这种单向传输的传统教育教学模式已经不适应新时代的发展,不能达到社会对人才培养的新要求。由此,我们的教育改革势在必行,转变思想观念,以素质教育理念为行动指南,全面实施创新教育,培养出高尚品格和创新能力兼备、具有鲜明个性且善于合作的一代新人。由是观之,当今以及未来的社会,将是一个学习型社会,教育的发展趋势一定是大众化、民主化、个性化、终身化。因此,学校需要一个与之相适应的全新的教育教学途径来培养学生的创新能力,以此帮助学生获得应有的发展,而创新教育是最有效的途径,能够使受教育者达到创新能力的最高境界。

(二)创新教育在素质教育中的地位和作用

21世纪是以知识经济为主导的社会,个人的发展和社会的进步必须以知识为基础、以科学发展为前提、以创造为动力,科学技术的创新越来越成为当今社会生产力解放和发展的重要基础和标志。从这个意义上来讲,培养出具有知识创新和技术创新精神的人才,使中华民族真正屹立于世界民族之林、走在世界各国前列的关键是素质教育。而实现素质教育的活性土壤就是创新教育。

1.创新教育和素质教育的内涵和宗旨

创新教育是以培养学生的创新精神和创新能力为目标,以培养创新型人才为价值取向的教育,其要求重视对人的人格塑造和求异思维能力的培养,以此提高全民族的综合素质和国力。创新是一个民族的灵魂,是一个国家兴旺发达的不竭动力。这是创新教育的实质所在,是素质教育赋予创新教育的深刻内涵,也是时代赋予学校培养 21 世纪社会发展需要的高素质人才的重任。素质教育是依据人的生理、心理发展和社会实践的需要,建构一种主体学习体系,促进个体全面发展的教育。这种教育根据社会发展的需要和教育现代化的要求,以"人的发展"为核心,其宗旨是帮助每一个人获得终身学习的能力,使受教育者的个性得到全面和充分的发展,实现社会需要和个人价值的统一。素质教育的终极目标可以用三句话来概括,即激发人的积极的思维活动,开发人的潜能(包括认知能力、思辨能力和创新能力),对创新教育进行大胆的探索和追求,这是素质教育的核心所在。

2.创新教育与素质教育的关系

创新教育是立足于人的个体发展,以培养人的创新精神和创新能力为基本价值取向的教育,而素质教育是立足于人的全面发展,以培养人的品格、智慧、能力为基本价值取向的教育。素质教育的着眼点与创新教育是一致的,所追求的目标也是一致的,激发学生的创造性思维,发掘学生的创新潜能,让学生在获取知识的实践中主动探索和掌握建构知识的方法及知识创新的能力,从而达到培养学生创造性能力的目的。可以说,这两种教育之间是"点"与"面"的关系。具体地讲,素质教育作为全面发展的教育,它贯穿人才培养的全过程,以造就创新人才为核心,通过创新教育来培养具有创新精神和创新能力的高素质人才,进而提高全民族的综合素质。而创新教育是以创造个性为核心,通过创新来培养具有鲜明个性且善于合作的创造性人才,进而提高全民族的创新能力,把素质教育推向了一个新的台阶。因此,创新教育是素质教育的核心内容,是实施素质教育的关键,而素质教育通过创新教育来培养具有创新能力的高素质人才,不仅直接推动了教育的发展,而且通过素质教育更好地推动了经济和社会的发展。

(三)创新教育在素质教育中的地位和作用

素质教育是我国迎接知识经济时代的战略性决策,通过素质教育推动教育改革并形成新的教育模式,尊重人的创造性,重视个人潜力,使教与学的方式实现真正意义上的创新。而要把素质教育付诸实践,达到所追求的最高目标,创新教育起主导作用。知识的创新必须依靠创新教育来实现,而创新教育作为人才培养的重要手段,与人才培养及人才成长关系密切,人才培养模式改革成功的关键是学校培养的人才是否具有创造性,是否具有鲜明的个性。创新教育以培养创新型人才为价值取向,追求对人的人格塑造和求异思维能力的培养,这是一种全新的教育理念,在经济发展和社会进步中起着举足轻重的作用,对培养现代社会发展需要的人才具有重要的意义。

(四)实施创新教育培养创新型人才

创新教育就是能最充分地调动每一个受教育者强烈的求知欲望和智慧及创新潜能,使其学会做人、学会学习、学会工作,成为具有创新思维和创新能力的全面发展的高素质人才的教育。

1.创新教育要使学生学会做人

创新型人才既应包含对人才知识能力的要求,也应包含对人才思想品德的要求。创新型人才首先要有坚定正确的政治方向,有振兴中华的崇高志向和建设中国特色社会主义的理想,有甘为祖国建设贡献一切的奉献精神。其次应具有积极向上、充满信心、开拓进取的创新热情。最后,需有无私无畏的宽阔胸怀和坚强意志。创新的过程,就是克服困难、战胜挫折的过程,因此必须具有百折不挠、坚忍不拔的毅力。这些是一个创新型人才应当具备的基本思想品质。因此,创新教育要以马克思主义为指导思想、以中国特色社会主义为理想,以爱国主义、改革创新精神、社会主义荣辱观教育学生,使学生形成服务国家、服务社会、服务人民的强烈责任感,爱岗敬业、钻研创新,为国家、为社会、为人民做出贡献。

2.创新教育要使学生学会学习

21世纪教育发展的一个重要课题就是教会学生"学会学习"。所以,学生在校学习期间,首要问题不是接受了多少现成的知识,更重要的是要学会学习方法,学会学习。对于我们来说,学习意味着对知识、对生活的接近,它强调主动精神,它包括获得生活在一个变化的世界上所必需的新的方法论、新的技能、新的态度和新的价值。必须改革传统的"适应性学习"为现代的"创新性学习"。学生在校期间要着重学会学习方法,树立不断学习和终身学习的观念。教师应当明确自己的任务是不仅使学生学到知识,更重要的是要教学生学会学习。为此,在教学内容上要把知识和方法统一起来,在教学方法上要把讲解与训练实践结合起来。通过引导学生阅读教材和其他信息资料培养学生的自学能力;运用讨论研究法培养学生钻研探究及语言表达能力;运用发现法(探索法)激发学生积极思维,培养学生追求新知、勇于创新的精神。

二、创新性原则的概念、依据、要求

(一)创新性原则的概念

创新性教学原则是指在体育教学过程中,教师应注意调动学生学习的主动性和积极性,激发学生创新动机,树立创新意识,注重学生创造性思维和创新精神的培养,使学生能主动、愉快、创造性地获得知识,个性得到自由发展,潜能得到最大限度的释放。

(二)创新性原则的依据

创新教育是针对传统教育提出的,它是指从学生心智发展规律出发,培养学生创新意识、创新精神、创新能力,帮助学生形成创新个性品质的教育。体育是教育的重要组成部分,因此体育课程不仅要承担促进国民健康的重要使命,也必须为培育民族创新精神和培养创新型人才服务。体育教学是学校教育中一个十分重要的组成部分,是培养创新精神十分重要的一个方面。体育教学与学校的其他学科一样,能为学生提供独立的、开阔的学习和活动环境,以及充分的观察、思维、操作、实践机会,对促进学生创新能力的培养与提高具有积极的作用。

体育学科实施创新教育有三个特征:第一,实践性。体育学习必须通过身体的实践活动来完成,创新离不开实践,创新是一种学习过程,对体育学科来讲,也是一种运用过程。运动中人的身体素质有几大类,如速度、耐力、灵敏和柔韧等,不同的运动项目、不同的动作技能实质就是几种素质的重新组合。体育运动过程具有情境性,动作技能的运用根据外界变化的具体环境和条件而加以变化,以便应付运动现实需要。根据"灵感"应付环境出现的动作技能,有很多就是创造技能,这种动作技能往往给人耳目一新的感觉和美的享受,这也是体育运动的魅力所在。第二,交叉性。体育是一门交叉学科,涉及的知识面广。创新教育中,一方面体育能够用其他学科的新鲜知识丰富和发展自身,为体育的创新提供广阔的空间;另一方面体育也能够为其他学科的创新教育提供宽广的知识基础。第三,社会性。体育能够作为社会交往的"共同语言"、作为人们交往联系的纽带。体育运动情境中的创新能够为社会所共同评价,建设性的举措能够为社会所认同,增加创新者在团体和社会中的影响力、号召力和地位。

新的《体育与健康课程标准》是新一轮的基础教育体育课程改革过程中的重要成果,它提出体育课程要使学生在不断体验进步和成功过程中,增强自尊心和自信心,培养创新精神和创新能力,形成积极向上、乐观开朗的生活态度"。"培养创新精神和创新能力"的命题第一次出现在权威性的新的《体育与健康课程标准》中,成为体育课程改革的一个新的价值取向。

(三)贯彻创新性原则的要求

第一,更新教育观念,转变教育思想,充分认识学校体育教学在创新教育中的特殊使命。只有确立了新的教育观,人才培养才有明确的思想保障。必须实现"应试教育"向"素质教育"转变,充分发挥学生在教育过程中的主体作用,使之由被动学习转变为主动求知,把教学活动真正变成活跃学生思维、引导学生创新的过程。

第二,体育教师要注重自身创新能力的培养与提高。体育是最具有创新性的领域,要想体育教学中培养学生的创新素质,体育教师就必须是一个创新者。体育教师的创新能力包括观察能力、获得知识信息的能力、创造性思维能力和创新实践能力等。实践证明,只有高素质的教师,才能有力地推动创新教育,只有教师自身具备不断学习、提高的能力,才能去学生如何学习、探求未知。体育教师作为创新者,最重要的一点还在于他们能够培养大量有创新精神、实践能力和终身体育意识的健康合格人才。这些创新型人才的培养,也应成为体育教师在创新素质培养中的最高追求。

第三,创造良好的校园体育创新环境,为创新人才的脱颖而出创造条件。人们创新精神的开发、创新能力的培养与创新人格的塑造都与环境有一定的关系,应重视课内外一体化,强调把课内外有机结合起来,引导学生在丰富多彩的课外体育活动中完善自己。这不仅丰富了学生的生活,更重要的是活跃了学生产生灵感和塑造创新型人才的体育创新环境氛围,有利于最大限度地开发学生的创造潜力,有助于学生创新能力的培养。

第四,构建创新教学模式,改变传统的教学模式是学校实施创新教育的关键。传统教育在教育理念、目的、内容、方法、评价等方面与我们当今倡导的创新教育不相容,它束缚了创新型人才的培养,因此必须构建创新教学模式。现在推行新的《体育与健康课程标准》,改变原先体育课中许多竞技性的高难度动作,倡导健康体育、快乐体育,这就给我们广大的体育工作者提出了新的更高的要求,在遵循教育基本原则、规律的基础上,解除各种要求、束缚,让体育课充满欢声笑语、寓教于乐,在游戏中学习,在潜移默化中使学生既学到知识又增强体质。

第五,改革体育成绩考核方法和考核制度,建立创新评估体系,体育课程是学校考试最复杂的课程之一,现行的考核方法和考核制度存在着诸多弊端,它忽视了对学生能力,特别是创新能力的评价。体育课成绩考核中应探索科学的创新评估体系,应在考核中尽量减少由先天性因素起决定作用的竞技性考核内容,重视学生在体育学习中的进步幅度与努力求知创新程度,鼓励学生大胆地各抒己见、大胆地做动作,这不仅有利于启发学生思维,也可以使学生加深对动作的理解。学生可以选择能力考试的各种方式,充分发挥学生的主体作用,使之不断在知识、技术学习和积累的基础上有所升华和创新。

三、创新性原则下体育教学实践

(一)实施创新性原则应遵循的原则

1.民主性原则

教师和学生对知识、价值及其评价有着平等的发言权,因而在教学活动中是一种平等关系。体育教学中的创新教育涉及教、学、管三个方面,因此要在这三个方面营造一种民主、和谐、宽松的环境与氛围。从"教"的方面来说,体育教师与学生要建立民主、和谐的师生关系;从"学"的方面来说,同学之间要团结、友爱、平等、互助。对同学的创新性思维、创新性成果不嫉妒、不打击,要敢于创造;从"管"的方面来说,要体现出民主性原则,管理制度既要严格要求学生,有利于学生的全面发展,又要"严"得合理、"严"得有度,留给学生创新活动的时间和空间。

2.启发性原则

启发式教学主要指从学生的实际出发,引导学生进入学习的主体地位,使学生能够主动、积极地掌握知识、技术和技能,从而逐步学会学习,增强分析问题和解决问题的能力。启发式教学以辩证唯物主义的认识论作为哲学基础,遵循"外因通过内因起作用"的规律,重视教学对象的主观能动作用。体育教学中学生创造性思维的激发和培养是建筑"创新"大厦的基础之一。通过体育教学,对学生施以积极的教育和影响,为使他们最终作为一个独立的个体,能够学会并善于发现和认识有意义的新知识、新事物、新方法,掌握其中蕴含的基本规律并具备相应的能力打下初步的基础。

3.个性原则

教育是人类自身的特殊社会实践,直接涉及人的发展,特别是人的个性的发展,在某种意义上说,个性成了今天教育的出发点和归宿。教师的任务是培养一个人的个性化,为他进入现实世界开辟道路,应培养自我生存能力,促进人的个性全面发展,并把它作为当代教育的基本宗旨。个性教育的核心是培养学生的自主性和创造性,因此体育教学中,必须坚持个性教育的原则。

4.主体性原则

创新教育是培养学生创新能力的教育,创新能力就是提出新问题、解决新问题的能力,也就是创造新东西的能力,而学生只有在成为学习的主体时,才能逐步形成创新能力。就整个体育教育和体育教学过程的组成来说,学生始终是教育的对象,体育教师起主导作用,但就体育教育和体育教学过程的进行来说,学生又是学习的主体,是教育过程的主动参与者,具有主观能动性,即独立性、自主性、主动性和创造性。坚持以学生为主体,是创新教育的内在要求,是实现现代教育目标的核心。体育教学创新的实质是把个体的地位、潜能、利益、发展置于核心地位,突出人的主体性,其职能是最大限度地激发学生的积极性、主动性和创造性。

(二)创新性原则下体育教师的转变

在体育教学中,实施创新教育,培养创新型人才,关键在于体育教师。要培养富有创新精神的学生,必须有创新型教师。创新型教师应该具有创造性人格,并在教育活动中表现出创造和革新的品质,在教学活动中发现、培养、发展学生的创造力。具体地说,其应该具有创新教育思想、创造性思维能力和创造性人格,善于根据具体的教育情境,运用各种教育方法发现、培养创新型人才。教师的转变主要体现在三个方面。

首先,在教学目标的定位上,要把"只传授知识"转变为"既传授知识,又培养创新能力"。长期以来，人们认为教师传授的知识越多，越是好教师；学生获得的知识越多，越是好学生。这种传授型教学，固然有利于学生掌握比较扎实的知识，却不利于学生创新精神的培养和提高。随着现代教育的发展以及教学改革的不断深入，体育教师必须转变教育思想和教育观念，以便充分发挥学生在教育过程中的主体作用，使学生由被动学习变为主动求知，把教学活动真正变成活跃学生思维、启发学生思考、引导学生创新的教育过程。作为体育教师，应先转变观念，只有这样，才能培养有体育创新能力的学生。学生在教师的指导下去理解教材，发现规律，创造想象；在充分发挥学生主动性的基础上，教师采用各种教学手段创造条件、积极引导，使学生主动探索、开发智力、发展体力、发展个性，充分发展发散性思维；在思维过程中，教师要敢于"求异"，让学生学会反思，对学生进行逆向思维的训练。因此，教师必须具备创新意识，只有这样，体育教学才能从实际出发，不断创新，不断改革教法、学法和课程组织结构，做到既符合学生不同时期的心理特征，又堂堂有异，课课有别，使学生对每节课都保持新奇感和强烈的求知欲，进一步调动学生的学习兴趣，激发和培养学生的创新意识。

面对善于思考问题的新一代学生，如果教师还是因循守旧，缺乏改革、创新精神，就无法达到教学目的。因此必须改革固定的教学模式和教学方法，做到观念更新、知识更新。观念更新要求教师冲破传统的教学模式和观念的束缚，使学生从过去的顺从型变为积极参与型，由被动型变为主动型，由"要我学"变为"我要学"。知识更新要求教师把一些新的学科、理论、方法渗透到体育教学中，并对教学起着积极的促进和指导作用。教师要不断学习、更新知识，特别是新的技术和理论，以满足学生的需要。

其次，在教学方法的选择上，要把"只教学生学会"转变为"既教学生学会，又教学生会学"。教学方法更新要求教师不断变换教学方法，使学生有新鲜感，只有调动了学生的积极性，才能获取最佳的教学效果。在教学方法上，要废除填鸭式方法，改变训练式方法，而采用诱导式方法。教学中教学方法要多样化，注重开发学生的智力和能力。在教学实践中学生信心的提高,会使思维更加活跃,创新的潜能得到更好的开发。实践表明,主动参与学习比消极学习有效得多。当学生以自我评判和自我评价为依据,把他人评价放在次要地位时,独立性、创造性和自主性就得到发展。教师在安排教材内容时应考虑如何培养学生的创造能力,在教学中应考虑如何巧妙地引导学生创造性地进行自主学习,构建能激发创造性思维的、具有创新功能的体育教学模式,如"启发式教学""成功体育教学""自主探究学习""小团体教学""情境教学""发现探讨教学"等。

最后,在师生关系上,要把"以教师为中心"转变为"既发挥教师的主导作用,又重视学生的主体地位"。在体育教学中构建民主平等的关系是营造良好的课堂教学氛围的前提,是学生积极主动发展的基础。体育教学中,如果教师一味要求学生按照自己的设计方案去想、去学、去练,学生只是被动地接受,创新意识就无从培养。在整个体育教学活动中,应建立好的师生关系,只有师生之间建立一种和谐、平等、信任、民主的关系,才能唤醒学生的参与意识,才能使学生产生主动学习、实践的需要。教学中要给学生更多的自由度,给学生发表见解的空间,给学生提供质疑的机会,给学生提供操作的机会,以调动学生主动思考、主动学习、主动创新的积极性。充分发挥学生的主体作用,重视学生在体育教学活动中知、情、意、行的综合体验,使学生由被动的学习转变为主动的求知。体育教学的核心是学生身心发展的需求和情感体验。只有在教学中实施民主教学,努力营造宽松、民主、生动、活泼的学习氛围,学生才有可能主动积极、心情愉快地进行创造性学习与锻炼,其主体地位才能得到充分体现。

(三)创新性原则下体育教学实施的有效途径

素质教育所追求的目标是培养创新型人才,要实现这一目标,必须通过创新教育来完成,因此创新教育是培养创新型人才的重要手段,通过"研究性"学习、"项目"学习和"学导式"学习,从思维创新能力、知识创新能力和实践创新能力等方面对学习者进行培养,最终实现素质教育的目标。

1."研究性"学习

"研究性"学习是指运用智力、知识、技能去追求最新的知识,开拓最新的领域的一种重要的学习模式。探究不仅是人们寻求信息和理解信息的重要方式,而且是人类进行思考的一种重要途径。"研究性"学习是以发散性思维能力培养为核心的学习。它通过想象和类比,突破原有的知识圈,从逆向、不同的思路去分析发现问题,找出更多、更新的可能的答案,使学习者思路开阔。这一点在教育教学实践中已经得到了验证。但是,这种学习需要教师正确和有效地指导学习者。因为传统教学中教师的指导明确指向学科体系的已有结论,而在"研究性"学习中,教师的指导作用恰恰相反,教师切忌将学习者的研究性学习引向已有的结论,而应按照学习者的实际要求,提供信息、启发思路,引导学习者对某些已有结论进行质疑,探究不同的结论。这种方法不是单纯传递知识和信息的方法,而是为了对学习者积极探究知识进行有效帮助,进而建构知识体系的方法,让学习者不仅能够从多种渠道去寻找自己所需要的信息资料,而且还能透过事物的表面探究事物的本质,准确地表达自己的见解和观点,从而培养学习者的发散性思维能力。

"研究性"学习以强调学习者的兴趣和动机为着眼点,学习者是学习中的主体,他们通过"研究性"学习的形式,进行自我研究学习。但是,这种自我研究的学习行为不是天生的,而是在后天的教育活动中,在教师的指导培养下,通过自己逐步思考问题而形成的。因此,这就要求教师的教育教学理念不仅着眼于现在,更应放眼于未来,教育教学行为不仅仅是"教",更主要是"设计"。教学设计必须以学生为本,以设定主题为中心,整个教学过程始终要围绕学生自我发现—选择—探究—解决问题来设计,使之成为一个开放的学习过程。在这个过程中,教师只起点拨、指导、领路的作用,使学习者从被动的知识接受者转变为积极主动的学习主体,为学习者发挥个性特长和创造才能提供广阔的空间。

2."项目"学习

"项目"学习又称行为引导学习法,以创造个性为价值取向,把学习的问题分散到项目的各个阶段和其他的环节中,让学生在项目负责人的组织下,自始至终参与一个或几个项目,辨明有兴趣的问题、提出假说,最后从不同的角度得出结论,帮助学生掌握完整的知识。这是近年来大力提倡的一种学习模式。

"项目"学习以实践创新能力培养为核心,强调综合应用所学理论知识去解决实际问题,它与"研究性"学习有共性,但也有差异,虽然两者都强调学生的参与过程和学生的实践体验,但"项目"学习在强调学习过程的同时,更强调学生通过感知经验来构建自己的知识。因此,教师在教学中,应尽可能为学生提供调查和探索自己感兴趣的领域和问题的机会,让学生能够对发现或面临的问题进行研究,寻求解决问题的方法,从而培养学生的综合能力。

"项目"学习以强调学习者的个性体验为着眼点。它注重个体在实践中的体验,在体验中有所思、有所悟,注重个体在实践中的探索,让学习过程变成探求创造的实践过程,不为教师所左右,不拘泥于书本知识的学习,从而使学习者具有广泛的兴趣、丰富的想象力、勇于化难为易的能力,且最终学有所获、学有所创。这种学习不一定通过课堂学习来完成,也可以依托小组学习,但前提是根据教师的统一要求,在同一主题下采取不同的方式,对问题进行深层次、多角度的思考,最终达到曲径通幽、结论相同的目的。这种学习不仅为学习者提供了表达自己的知识、能力和经验的场所,而且使他们的个性才能得到了充分的展示;同时,极大地拓展了他们的知识视野,培养了他们勇于探索、勇于创新的能力。

3."学导式"学习

"学导式"学习是指教师在注意学生的整体水平又顾及个体差异的前提下,根据学习者的基础和能力开展自学导学的一种学习活动。这种学习注重的是学习者成长的个性化差异,引导学习者主动索取知识和进行知识创新。

"学导式"学习以知识创新能力培养为基础。它强调的是知识的传递,而不是知识的灌输;强调的是以学生为主体,而不是以教师为中心。

这种教学活动既注重学生知识的获得,又重视学生能力的培养,其目的是引导学生学会独立识别问题和独立解决问题,最终用自己的能力去获得新的知识。

"学导式"学习以强调学习者的学习方法为着眼点。在学习方法上,不再把传播或"灌输"知识及其效果视为重中之重,而是强调知识规律的研究,注重知识的点拨,让学习者在教师的引导下,通过科学的研究,学会融会贯通、触类旁通,让学习者积极主动地去探索和追求知识,从而通过自主学习,获得新的知识、新的规律和新的学说。学生只有具备了一定的自主学习能力,才有可能高效率地"学习",最终学会学习。

(四)创新性原则下学校运动会的创新

学校运动会是学校体育工作的一个重要组成部分,主要起着检验学校体育工作成效、增强学生体质、丰富学生业余文化生活的作用。但是由于我国学校运动会受竞技体育比赛模式的影响,其组织形式、比赛内容、学生参与情况等方面都受到一定的局限。随着学校体育工作理念的变化,"以人为本、健康第一"成为学校体育改革的主要价值取向。现在传统的学校运动会模式已难以承载新时期学校体育的使命,改革传统学校运动会的组织形式,注重竞技与健身、娱乐的和谐发展,发展个性体育、兴趣体育、快乐体育,树立"健康第一"、全员参与的理念正在成为人们的共识。在此背景下,许多学校都对运动会进行了改革探索,但大多数改革仅对竞赛项目进行增删,其性质未有根本的改变,要对学校运动会的赛事组织、项目设置、参与人数、时间跨度等进行创新,消除传统学校运动会的诸多弊端,丰富校园体育文化的内容,对和谐校园文化的构建发挥积极的作用。

我国目前的学校运动会主要以田径运动会为主,这与我国施行的"举国体制"是相适应的,同时学校运动会也取得了巨大的成就。但在我国社会快速发展的今天,学校运动会也显示出了明显的弊端,我们需要对这些弊端进行研究,从而更好地促进我国体育和教育事业的发展。

1.传统学校运动会的弊端

学校运动会不仅是对学校体育工作的检验,也是反映广大师生员工精神面貌的窗口,它有助于增强学校的凝聚力、师生间的亲和力,有利于增强师生员工的体育意识和健康意识。但是传统意义上的运动会多以田径比赛项目为主,思路和模式比较单一、陈旧,存在着只有少数人参加、广大师生员工不感兴趣的现象,内容缺乏多样性、健身性和娱乐性,不能与体育教学接轨,不能体现出学校的特色。

2.学校运动会的改革创新探索

(1)项目内容设置

学校运动会比赛项目设置要更加全面,内容更加丰富,除田径运动会外,增设运动会前的团体操表演预赛和开幕式时的团体操表演决赛、领导和师生合作互动的迎面接力赛等多人接力的团体比赛项目以及篮球的投篮、足球的射门、排球的传垫记数、引体向上、双臂屈伸、倒立爬行、轮滑竞速、攀岩竞速等与体育教学密切相关的项目,这些运动项目的成绩都将纳入团体总分的积分。同时应设置由体育教师承办的体育健身知识讲座、体育专业技能表演、体育健康咨询、体质健康测试评比,以及由宣传部承办的体育摄影、体育征文、本校体育成果展览等具有浓郁文化色彩的项目。

以往的田径运动会只有单一的田径竞赛项目,内容、形式常年不变,竞技性强,导致了少数人比赛、多数人观看的现象;本应是全体学生参加的运动会,成了少数有体育才能的学生的"专利"。开展学校运动会对运动会内容的选择非常重要,既要考虑到大多数学生的兴趣爱好、身心发展特点,又要考虑到对学校体育教育工作的检验。首先,可以编排在学生中有一定基础的项目,如篮球、排球等。这些项目不仅可以以比赛的形式出现,还可以以球类游戏的形式出现。其次,可以编排一些趣味性强的项目,如二人三足、二人夹球跑、多人协同跑等;还可以编排一些传统的项目,如跳绳、踢毽子、武术表演等。再次,学校运动会内容的改革要有选择性地传承田径类、竞技类项目,我们可以从学校体育的角度对它们进行改革。如跳高和跳远类项目,我们可以设置踏跳板,降低难度,从而让学生体验到体育的快乐。最后,我们还可以在学生中征集一些学生喜爱并易于开展的项目,集思广益,使学校运动会的内容更加充实,形式更加多样。而创新后的运动会内容丰富,项目设置全面,有单人赛,也有集体赛,考查运动员的力量、技能、准确性、协调配合能力等,内容设置体现了人人可参与、可选择,既有竞技性又有娱乐性、健身性等特点,极大地调动了师生们参与运动的积极性,满足了不同个性、不同运动兴趣、不同运动层次水平的学生参与比赛的需要,增强了学生们的荣誉感和成就感。创新后的运动会为具有不同运动素质的学生提供了表现的舞台,有力地弘扬了校园体育文化,丰富了校园文化的内容。比如迎面接力项目,领导与师生同场竞技,使参加的学生会感到无比的光荣,会更有激情,并全力以赴,也使得整场运动会更具趣味性和刺激性,从而增强了师生的凝聚力和向心力,成为学校素质教育的有效途径。

（2）运动会要面向全体学生

出于选拔运动员和评定学生运动能力的目的,我国现行的学校运动会在比赛项目上突出竞技性,在比赛难度上水平要求比较高。这样的运动会既把大部分学生拒之门外,又让学生体验不到其中的乐趣,更削弱了大多数学生学习体育的积极性。因此,学校运动会要由面向少数体育尖子生转变为面向学校全体师生,要由以高运动能力要求的项目为主转变为以竞技性低、趣味性强、集体项目为主的活动,使学生在运动会中得到快乐的运动体验。

（3）运动会项目的趣味性

无论是学校运动会项目还是课堂教学内容,其目的和宗旨就是培养学生的体育兴趣,从而提高学生参加体育活动的积极性,为学生终身体育打好基础。因此,学校的体育部门在设置体育项目时,应从学生的情趣特点出发,制定和设计多样的活动内容,采用灵活的形式,寓教于"玩",使体育变得生动、轻松,具有吸引力。比赛项目应包含多种技能知识、技能要求,让绝大多数学生接触和了解多种基本的运动技能,在此基础上形成自己的兴趣爱好,并有一定的专长,最终能较熟练地综合运用多种运动技能。有条件的话,应涉及野外生活、生存的基本技能,增强体能,获取知识,磨炼意志品质,培养合作精神。内容的设置应具有普及性、娱乐性,项目的实施和操作方法应简单方便,使学生在练习和比赛时,易于组织和掌握。如果方法和过程复杂了,会降低学生的参与兴趣,比赛时也不易评价。

(4)奖项设置和计分办法

全校参与的运动会,如果只奖励前几名,可能使更多学生的参与积极性受挫。可以每个项目不设冠、亚军,只有一、二、三等奖。一般是每组第一、第二名为一、二等奖,其他均为三等奖。这样既体现了竞技性,又体现了群体性,既鼓励了强者,又没有伤害弱者,充分培养了集体主义观念。这样可以淡化奖励意识,强调贵在参与。学校运动会既设比赛项目的单项奖,还设开闭幕式的入场组织奖、啦啦队表演奖、体育道德风尚奖、体育宣传奖、赛会组织奖等各种奖项。无论什么项目都按照一定的计分办法对优胜者予以奖励,集体项目计分加倍,并以各项目的累计分设团体奖。为了调动小单位参与的积极性,啦啦队和开幕式的体育表演等参与人数应以该单位人数的百分比来作为评估依据。这样各参赛队都有争夺团体奖的机会,提高了参赛队伍利用各自优势参与组织和竞争的积极性,使体育运动会真正成为大家的"节日"。为了提高学生参与体育运动会的积极性,还可以将学生参加体育运动会取得的成绩作为体育课平时考核或综合素质评定的重要依据,按一定的比例计入体育课总成绩,以此调动学生参加体育锻炼的热情,促进学生体育锻炼习惯的自觉养成,培养学生的终身体育意识。

(5)让学生成为运动会的主人

素质教育的目的就是促进学生全面发展创造良好条件。长期以来,教师对学校体育运动会的包办,剥夺了学生的主体地位,扼杀了学生的创造力。学生的素质和能力来自多方面,运动会也可以放手让学生组织,借此机会锻炼学生的组织能力、交际能力、策划能力、处理事件的能力,发挥其主体地位的作用,使运动会成为锻炼和提高学生素质和能力的一个极好的机会。在运动会前,可以公开向全校没有运动项目的学生招聘志愿者,由这些学生志愿者参加组成宣传组、后勤组、安全保卫组、记录公告组、场地器材组、裁判组。在体育教师培训指导下,如运动会秩序册的编排工作等都由学生参与,开幕式、闭幕式由学生主持,运动会中的所有项目也都由学生参与组织管理,这样学生就成了在教师指导下的运动会的主人。

新时期的体育着眼点应该从课堂中走出来,进入社会,走入家庭,寻求发展,这样才能充分体现现代教育的新理念。过去通过体育教学传授技能,仅停留在课堂教学中,而举办亲子运动会可以找到更多、更广、更新的角度与视野去宣传体育锻炼。亲子运动会前后的准备把这种锻炼引出学校,进入了家庭,这对学生养成持久锻炼的好习惯是有很大促进作用的,同时也为体育教师宣传体育教育的目的、宣传"健康第一"的教育思想提供了平台,更为在家庭中开展群众性的体育锻炼提供了有益的指导。

第三章 高校体育教学模式

第一节 分层教学模式

一、分层教学模式的结构分析

(一)分层教学模式的内涵

所谓分层教学,是指在人的发展过程中,受遗传、家庭及社会环境等因素的影响,个人在发展过程中存在着不同的生理、心理及个体差异,根据学生的认知能力、学习能力和掌握能力,教师在安排课堂教学内容、教学方法、教学手段时要符合学生实际,有针对性地设计和进行学习指导、检验、评价,从而使每一个学生的能力都能在原有基础上得到完善与提高。

体育分层教学是指在承认学生有差异的前提下,教育者根据学生的个体差异、兴趣爱好、身体素质、运动技能等因素基本相同的情况进行组合,划分不同层次,确定基本相同的学习目标,有针对性地进行体育教学,并制定不同的评价标准的一种教学模式。

正确理解分层教学的内涵,应注意这几点:①分层教学的着眼点是为了学生的发展。②分层教学的对象是全体学生。素质教育的精髓是面向全体学生,使每一个学生都能全面地、主动地、和谐地发展。分层绝不意味着对某一部分学生,特别是后进生的放弃。③实施分层教学应当考虑的要素。作为一节特定的课堂教学来说,它至少包括学生、教师、教材和教学媒体四个要素,四个要素互相联系,互相作用,形成一个有机联系的整体。实施分层教学,应对以上四个要素进行科学分析。

(二)分层教学模式的理论原则

1.区别对待原则

学生的差异是客观存在的。因此,在体育教学的过程中应充分考虑学生的个体差异,因材施教。教师要利用学生的这些特质促进学生个体优势的发展,做到学有专长,使不同组别层次的学生都能学好。而且小组之间不是固定不变的,低层次组的学生通过努力学习达到高层次水平时,可调到高层次组学习;而高层次组的学生学习时感到很吃力、压力太大而跟不上进度时,可换到低层次组去学习,同时鼓励学生之间相互帮助、共同进步,达到提高教学质量的目的。

2.目标导向原则

我们把建立正确的分层观念作为实施分层教学的首要内容,务必使学生认识到分层是为了全体学生全面发展的需要,是因材施教的手段、素质教育的召唤,而不是给学生划分等级的依据。教师只有通过分层次教学,才能根据学生个体的差异情况提供不同的教学方法,才有助于各类学生共同得到发展,从而摆脱传统教育只注重少数尖子生而忽视多数学生的落后观念的束缚,真正使每个学生都平等的获得教育机会。只有使每个学生都认识到分层次教学的真正目的,才能获得学生们的积极支持和主动参与,分层次教学才能取得成功。

3.联系实际原则

联系实际是落实教育方针和实施素质教育的需要,是体育课自身发展的需要,是学生建立正确的体育科学价值观的需要。在教学中要引导学生从实际出发,着眼于运用,让学生的间接经验和直接经验相结合,运用到生活实际当中,优化学习,培养学生的体育素质。

(三)分层教学模式的主要分类

1.班内分层目标教学模式

班内分层目标教学模式保留行政班,但在教学中,从好、中、差各类学生的实际出发,确定不同层次的目标,进行不同层次的教学和辅导,并制定不同的检验标准进行检验,使各类学生得到充分发展。具体做法是:①

了解差异,分类建组;②针对差异,分类目标;③面向全体,因材施教;④阶段考查,分类考核;⑤发展性评价,不断提高。

2.能力目标分层监测模式

知识与能力的分层教学是根据学生自身的条件,先选择相应的学习层次,然后根据努力的情况和今后学习的状况,再在学期末进行层次调整。

3.分层走班模式

分层走班模式是按照学生的知识和能力水平,分成三或四个层次,组成新的教学班级(称之为 A、B、C 教学班)。"走班"并不打破原有的行政班,只是在学习这些课程时,按各自的程度到不同的班去上课。它的特点是教师根据不同层次的学生重新组织教学内容,确定与其基础相适应又可以达到的教学目标,从而降低"学困生"的学习难度,又满足"学优生"扩大知识面的需求。

4.定向培养目标分层模式

定向培养目标分层模式多限于职业教育,指按照学生的毕业去向进行分班分层教学。具体做法是:首先在入学时对学生进行摸底与调查,既了解学生的知识能力水平,又了解学生对就业与升学的选择,在尊重学生和家长意见的同时,反馈学生自身的学业情况,进行正确定位。其次以学生的基础和发展为依据,分成两层(即升学班与就业班)。两个班安排同样的教材、同样的教学进度,只是教学的目标和知识的难度不同,升学班主要注重"应试能力"的训练,就业班则突出文化知识与职业实践的结合。当学生参加水平测试并合格后,学校再给学生提供第二次选择,升学班进一步强化文化课与主要专业课,而就业班则以职业技能训练为主。

5.课堂教学的"分层互动"模式

"分层互动"的教学模式,实际上是一种课堂教学的策略。这里的"分层"是一种隐性的分层,首先,教师通过调查和测试,掌握班级内每个学生的知识水平、特长爱好、学习状况及社会环境,将学生按照心理特点分组,形成一个个学习群体。其次,利用小组合作学习和成员之间的互帮、互学形式,充分发挥师生之间、学生之间的激励与互动,为每个学生创造整体发展的机会,并利用学生层次的差异性与合作意识,形成有利于每个成员协调发展的集体力量。其主要依据学生个体差异、身体素质、运动技能、兴趣爱好和教师意见等分层。

分层管理一般实行弹性机制,分层不是固定的,每学期或每学年要进行调整,层次变化的主要依据是学生的学习情况,如进步显著就可以上调,学习吃力则可以下调。

二、分层教学模式在高校体育教学中的实践研究

(一)分层教学目标的制定

在制定分层教学目标时,应该考虑到总体目标的制定,教师针对不同层次的学生来设计相应的教学内容、教学方法、教学要求等,具体规划目标。

分层教学能否顺利进行与开展,达到体育教学目标,重要的是在课堂授课中对练习的设计。因此,在体育教学中要结合教材的内容和各层次学生实际情况,设计出不同层次的教学目标、教学方法和教学内容。根据因人而异、因材施教的原则,可将教学目标划分为三个层次:高级层——拓展大纲教学内容,进一步拓宽视野,对运动技术内涵加深理解,努力提高运动技术水平,能深刻理解运动技术,动作标准、正确、连贯、协调,促使不断提高身体素质,培养其能力。中级层——掌握教学大纲所要求的基本内容,掌握基本理论知识。初级层——初步掌握所学的运动技术,能理解动作要领。

除此之外,进行分组练习时要注意,女生身体素质不如男生,所要求的难度与运动量都应根据其身体素质要减量,同时体育教师讲授课之后,不要无所事事。应该主动到练习场地进行巡视,帮助学生改正错误的技术动作。这样,各层次之间都有相应的教学内容和方法,各层次的学生都能从中学到知识,充分调动学生积极性与主观能动性,真正意义上使学生感受到体育带给他们的快乐。

教学方法就是教师组织课堂教学活动的方法。教学目标的实现,是要依靠一定的教学方法的。教师应在分层次教学中针对学生不同的身体差异、个性特征及认知的程度不同,运用不同的教学方法,制定出科学合理的教学目的,以此来进行教学。具体要做到以下五点。

第一,体育教师要认真进行教学研究,认真进行"三备"。"三备"即备教材、备内容、备学生。针对不同的学生,确定不同的教学内容,采用灵活多变的、行之有效的教学方式。

第二,体育教师在教学中运用教学手段。体育教师在传授运动技能的过程中,由于学生对运动技术的理解存在着一定的差异性,因此在传授运动技术过程时,事先要了解各层次学生掌握运动技术水平的情况,针对不同的情况采用不同的教学方法、内容和手段。

第三,体育教师要激发学生的竞争意识及团队合作精神。在体育分层教学过程中,根据各层次之间的学生生理、心理、思想意识等因素,通过教学比赛手段培养学生的意志品质,激发学生的竞争意识、团结意识和拼搏进取的精神,提高其对教学环境的适应能力和自我心理控制的能力。

第四,解决对学生的学法指导与帮助。先天身体素质和运动能力差的学生,应以模仿为主,主要模仿体育教师与基础好的学生的技术动作,通过模仿、教师指导、课后咨询基础好的学生,从而达到自己的学习目标。而基础好的同学,要向教师了解更深层次的知识、了解难度较大的运动技术,课后自己通过查询相关影像与资料,学习并创新知识,进行纵向与横向的联系分析,形成网络知识结构,从深度与广度上进行拓展。

第五,要及时处理教学信息的反馈。在体育教学中,教师通过课堂的询问,以及平时对学生的理论知识与运动技术的测验,了解学生近期的学习状况,根据这些情况,要及时调整教学内容,有针对性地进行教学,特别要对基础差的同学进行知识的查缺补漏与矫正技术动作。

(二)分层教学模式的运作程序

分层教学模式的运作程序是指教学活动在时间上展开的逻辑步骤以及每个步骤的主要做法等。任何教学模式都具有一套独特的操作程序和步骤。例如,杜威实用主义教学模式的程序是"情境—问题—假设—解决—验证"。由于在教学过程中,既有教材内容的展开顺序、教学方法交替运用的顺序,又有内在复杂的心理活动顺序,因此人们通常从不同侧面提出教学活动的基本阶段和逻辑顺序。

(三)分层教学模式的评价

分层教学评价与正常的教学评价有所不同,为了使所有学生都能达到一定的教学目标,在教学评价时要考虑到各层学生的学习情况,为了鼓励与加强学生在平时课堂上的学习与练习,要以平时考核与期末最终考核结合来评定每个学生的成绩,同时以各层学生在不同程度上的进步与提高相结合的原则为标准。

为此,应采用新的考核标准,力求体现出分层次教学的特色,对各层学生的考核标准给予不同的评定要求,做到有针对性的、合理的评价不同层次的学生学习与进步。这样,让各层次的学生都能切身体会到经过自己的努力而取得的成绩,获得成绩的同时也感受到体育所带来的乐趣与喜悦,体会到成功的价值,使学生明白只有通过体育锻炼才能有健康的体魄。加强体育锻炼可以促进学生身心健康、增强信心、锻炼意志品质等。

对分层教学模式的评价,应注意以下几个方面。

第一,评价的基本原则。其中具体包括:①教育评价的目的性原则;②教育评价的客观性原则;③教育评价的全面性原则;④教育评价的诊断性原则;⑤教育评价的连续性原则;⑥教育评价的法治性原则。

第二,评价的目标因素。其中具体包括:①知识目标因素,包括知识和理解两个方面的内容,知识的评价目标是指在所学内容的范围内,正确地记忆、掌握和再认的能力;②技能目标因素,它是由智力和运动技能构成的;③能力目标因素,通常包括注意能力、记忆能力、观察能力、想象能力、特殊能力、思考能力、判断能力、评价能力、鉴赏能力和表现能力;④情谊目标因素,情谊是指兴趣、爱好、习惯、态度等内容。

对分层次教学的评价,首先注重对学生的全面评价,引导学生健康全面发展,这应从认知和非认知两个方面着手。认知方面包括基础知识的掌握、理解和应用;非认知方面的评价内容包括学习方法、学习习惯、学习兴趣、学习动机、创造能力、探究能力、学习信心、问题意识、上课时的心情、关心他人程度、课堂参与程度、学习负担等。其次重视过程评价,这是现代教育评价的一个特点。评价学生时,不仅要关注结果,更要注重学生成长与发展的过程,有机地将终结性评价与形成性评价结合起来,给予多次评价机会,促进学生的转变与发展。过程评价包括日常检查、定期检查、总结检查。

第三,评价的方法。其中具体包括:①将评价贯穿于日常的教育教学行为中,使评价实施日常化、通俗化。评价方式可包括教师对学生的评价、学生对学生的评价、自我评价;②转变评价观念,体现育人为主的教育理念。要建立发展性课程评价体系,淡化评价的选拔功能,强调发展与激励的功能;淡化对结果的评价,关注对过程的评价;改变评价内容过于注重学业成绩的倾向,重视综合素质、全面发展的评价;改变单一的评价方式,体现评价方式的多元化。

第二节　合作教学模式

一、合作教学概述

(一)体育合作教学的含义

合作教学是 20 世纪初创立,20 世纪中叶发展起来的一种崭新的教学理念。合作教学的研究者从社会学、哲学、教育学和心理学等各个角度研究学习者学习活动中各种因素的作用,从而提出在教学活动中要进行合作教学的理论。合作教学表述为以合作教学小组为基本形式,系统利用教学动态因素之间的互动,促进学生的学习,以团体成绩为评价标准,共同达成教学目标的教学活动。

具体来讲,合作教学具备三个方面的基本特征:第一,合作教学要以合作教学小组为基本形式,只有通过小组才能形成紧密结合的学习方式;

第二,在互动交流中发展学生的推理能力,合作意识以及解决问题、人际沟通的各种能力;第三,要以整个小组即团队的成绩为评价的标准,其能够有效地促进团队成员间的相互合作,改变个人独立学习的学习观念。

(二)高校体育教学中合作学习的意义

1.合作教学能充分体现学生的主体性

传统教学模式中,职业学校的体育教学主要是以教师的"教"为中心,而学生只是一味地去"听",而合作教学的教学模式改变了这种单一方向的教学形式,将其转变为互动式的教学形式,充分体现出了学生的学习主体性特征。合作教学能够给予学生自由的空间,更能够在合理分组的基础上促进学生间的沟通与交流。在体育合作教学的模式中,学生利用团队的合作精神能够很好地建立信任,充分表达自我的观点,锻炼思维能力,真正实践以学生为主体的教学思想。

2.合作教学能促进学生身心的全面发展

体育本身就有促进学生身心健康发展的作用,但是要想真正发挥出这种作用,还要求学生能够进行合作学习。合作教学的教学模式通过小组的合作,加强了相互的交流,能够促进学生在情感上、认知上以及身体上的全面发展,将学生的个体差异融入一个小的集体中,在共同探索和学习讨论中改变着每个人的社会认知。同时,良好的身体素质以及融洽的人际沟通能够使学生减轻体育学习的压力,产生更大的学习兴趣,保持心理健康。

3.合作教学能够培养学生的团队精神,调动学习主动性

高校体育合作教学模式有助于培养学生的团队精神,充分调动学生学习的主动性,由于合作教学的成绩评估是以小组团队的整体成绩为标准,所以很容易形成小组内的合作意识,淡化个人的竞争性。但是,同时也加强了小组间的竞争性,学生通过整体的合作来与其他小组形成竞争,个人都不愿意因为自己的原因而拖整个小组的后腿,这就调动了学生学习的主动性,同时也培养了每个学生的团队精神,体育赛事中往往最需要团队中每位成员的相互合作。

二、合作教学模式在高校体育选修课中的应用

(一)合作教学的基本原则

1. 以问解答

在高校体育教学中,不断提出问题是提高教学效果的有效手段之一。这样不仅加强了与学生的交流与沟通,而且能够时刻掌握学生对教学方法、手段、内容的意见以及学习效率等情况,有利于对存在的问题及时进行适当的调整和改进。因此,在体育教学中要以提出问题为中心,为学生设计问题情景,让学生在解答问题的过程中寻求合作教学所带来的效益。此外,坚持以问解答原则突出了体育知识技能学习的普遍性。有些动作技术比较复杂,在讲解示范层面不易掌握,必须深入研究、反复练习,才能掌握技术动作的细节。提出问题不仅激发了高校学生深入探究、认真学习的激情,而且可以培养学生的创造性思维,具有"迁移"作用。

2. 以灵带活

高校体育选修课教学的主要目的,就是改善学生的体质,增进健康,培养终身体育意识以应对未来的挑战。在这一总体思路下采用合作学习教学模式,注重教学内容、方法的灵活性,要不拘一格,把所采用的教学策略、教学方法与教学手段放在一个比较轻松的教学环境背景中,开阔学生的思维,使学生敢于交流,勇于沟通。这种沟通不是简单的小组讨论,而是建立在提出问题的基础上,深入研究体育技术动作的结构、要领,集思广益,共同思考,以达到共同进步的学习目标。因此,建立合作教学模式要坚持以灵带活的原则,充分发挥合作教学在高校体育选修课教学中的作用。

3. 体验实践

练习是高校体育课普遍采用的基本学习方法,而且其在一节课中所占的比重通常比较大。但教学中常常会发现,学生对动作技术的掌握参差不齐。原因在于练习过程中多数学生只注重个体自我思维的发挥,只强调个体对动作技术的理解,而不善于发挥学习小组的力量,抑制了互助

合作意识。虽然在此过程中有教师的指导或者纠正,但促进作用不大,自身的思维定式已确立。合作教学模式注重实践性,这种实践性不是简单的练习方式的运用,而是在井然有序的教学秩序下强调"小组"的作用。由于思维方式被无限扩大,理解空间也就被无限放大了,可以创设多个学习环节和情景,因此,掌握技术动作的效率会明显提高。

4. 主动配合

构建合作教学模式要强调师生、生生之间的主动合作,这是学习态度和意识的体现。应把学习观点和思维方式全盘托出,互相信任,只有这样才能在深层次上理解动作结构。教学方法、学习方法、教学内容、教学组织等方面都可列入讨论的内容,但同样要求主动配合。教学中有时候也存在各种问题,如班级内部的各种矛盾、师生之间的矛盾等。为了不影响合作教学模式的构建,这些问题必须妥善解决,以强化主动合作意识,营造一个健康和谐的学习氛围,提高教学效果。

(二)合作教学模式在选修课中的基本功效

1. 关注个体差异,开拓思维

应针对学生的性格特点,在体育教学中关注个体差异,使体育教学面向全体,在进行分小组合作学习时注意各种不平衡现象,使各种差距不断缩小。在研究讨论时尽可能发展他们的创造性思维,培养其积极主动参与的意识和分析、解决问题的能力,培养成功性思维。

2. 进行案例分析,培养兴趣

为了尽可能地培养班级课堂学习骨干,很多体育教师会在每个小组中安排一名各方面素质都很强的学生担当小组长,在小组长的领导下进行各种案例分析,特别是比较复杂、难于理解或者易犯错误的动作技术。对每个学生的典型示范进行案例分析,提高了学生对技术动作的掌握程度,培养了学生的体育兴趣。

3. 人性化管理,获取自信

合作教学模式体现了"人性化"的管理理念。在学习过程中,整个小组既要面向全体,又要关注个体差异,使每个学生都有参与的机会。机会均等有利于培养全体学生的自信心,这有别于传统的体育教学,同时小组教学中对个体讨论意见的尊重以及练习时彼此借鉴,有利于学习效率的提高。

(三)体育合作教学模式应注意的问题

1.体育教学方法的运用

在任何情况下,采用不同形式的教学方法的主要目的都是使教学进度和教学效果达到最优化,让不同层次的学生在最短的时间内获得最佳的学习效果。无论是传统的教学模式,还是新型的教学模式,运用教学方法的主要目的都是一致的。在合作教学过程中,体育教师往往会运用一些比较先进合理的教学方法,如探究式、讨论式、自主式、启发式、案例式等。这些教学方法深受广大学生的欢迎,取得了相当好的教学效果,学生对运动技能理解、掌握的效率也会随之提高。①

高校体育教学改革是高校教学改革的重要组成部分,而教学方法的改革也是其中非常重要的一部分。目前,很多高校都在试图建立一套科学合理且行之有效的教学方法,在采用合作学习教学模式的过程中,新型教学方法的运用也体现了该教学模式的时代性和先进性,符合高校体育教学改革的基本需要。

在合作教学过程中,运用新型教学方法不仅提高了学习伙伴之间的学习热情,而且加强了生生、师生之间的沟通能力,培养了他们对特殊问题采取特殊解决方法的能力,开拓了独立解决问题的基本渠道,为今后课内外体育活动的开展奠定了基础。此外,根据教学目标建立的各小组,可以利用新型的教学方法建立一种信任机制,在脱离教师指导的情况下进行自主练习,取长补短,相互信任,根据自身对问题的理解程度构建符合自己实际情况的学习策略,有效地提高学习效率。

2.考核成绩的评定

构建合作教学模式最重要的就是如何进行评价,它与传统的体育教

---

① 张天聪.自主—合作教学模式在高校体育教学中的运用[J].当代体育科技,2020,10(11):180-181.

学评价方式存在很大的不同。传统的体育教学评价多是跟踪式的教学评价,以课堂教学效果为目标,根据学生对动作技术的掌握程度来进行评定,突出学生个体之间的竞争;而合作教学评价则把个人之间的竞争转化为小组之间的竞争,把计分方式改为小组计分,把小组总体成绩作为奖励或认可的依据,形成"内部成员合作,外部成员竞争"的新格局,使得整个评价由鼓励个人竞争达标转向鼓励大家合作达标。这种评价以小组成绩为依据,学生能否得到好成绩不仅取决于个体成员的成绩,而且取决于其所在小组成员的总体成绩。合作教学的教学评价使小组成员认识到小组是一个学习的共同体,个人目标的实现依赖于集体目标的实现,小组成员的共同参与才是合作学习所需要实现的目标。这种评价可以激发小组成员互相帮助,鼓励合作竞争,以实现"不求人人成功,但求人人进步"的教学评价目标。这不仅有利于培养自主学习的习惯,还可以培养舒适健康的、高成就动机的教学环境。

3.体育教学资源的有效开发利用

合作教学模式的最大优势就是能够实现体育教学资源的有效利用。随着城市化进程的推进,城市用地受到限制,学生人均活动空间不断缩小,体育场地资源无法满足需要的状况。合作教学模式可以充分利用现有场地资源进行体育教学,由人人拥有器械场地变为组组拥有器械场地,不仅显著提高了分配使用率,而且也使学生学会了如何利用有限的资源进行体育锻炼,节约了场地器械,突出了小组合作的优势。同时,在教学过程中,各小组可以根据分组情况以及项目内容对体育场地、器械进行合理分配或再分配,使体育教学资源得到合理、有效利用。

三、高校体育合作教学模式的构建

(一)体育合作教学模式的基本要求

1.合作教学分组

体育合作学习的教学分组主要原则为组间同质、组内异质。组间同质是指各组组间的学生水平基本一致、保持均衡;组内异质是指各组组内成员各方面之间都有一定的差异,主要包括学生性别差异、学生学习成绩差异、学生特长差异、学生体育技能水平差异等方面。同时,体育合作教学的分组还必须考虑学生的兴趣以及意愿。

2.教学中的教师任务

教师课前在充分了解学生水平的基础上,根据具体教学内容设计相应的教学方法及教学任务,在体育教学过程中进行主导性讲解并对学生进行合作教学指导。

3.教学中的学生任务

在体育教学过程中学生应根据教师布置的教学任务及要求,以合作教学小组为基本单位,充分发挥主观能动性,采用多种途径,通过集体合作来完成。

4.体育课的开始部分

为提高学生的讲解、组织、示范等方面的能力,应以体育合作教学小组为单位,让学生轮流带领其他同学做准备活动。

5.集体讲授课

教师根据不同的教学内容合理安排集体讲授和分组合作教学的时间比例,讲解过程要突出重点、简单明了、注重效率。

6.合作教学小组的课堂活动

教师在学生进行合作教学之前要向学生讲明三个方面的问题:①只有合作学习小组的学生都完成了教学任务,整个小组的教学任务才算完成。②合作教学小组的同学要互相监督,检查同伴完成教学任务的情况,确保都能够完成教学任务。③教师在学生进行合作教学时,要进行巡视、观察、记录并适当地进行指导等工作。

7.测试与反馈

学生在完成教学任务后,要进行独立性测试或者进行合作教学小组间的竞赛。教师根据测试或者竞赛的结果进行评价、总结,使学生认识到自己的不足,以便日后改正提高。

8.课后任务

根据教学目标、教学要求合理布置课后复习,预习任务及作业。

(二)体育合作教学模式在体育教学中的应用

1.学生自学

体育合作教学的前提是学生个体学习,练习所学动作技能。体育教师要根据不同的教学内容、教学任务、学生水平等制定相应的教学目标。要突出教学的重点难点。要求学生根据教师设计的技能学习流程以及个人所创造的新颖动作进行自学、自练,并根据个人特点选择场地器材。

2.小组讨论

学生完成自学后,教师要组织好学生的小组内讨论,让学生体验成功的喜悦。讨论的时间要根据教学内容、教学难度确定,时间不要太长,5~7分钟为宜。在小组合作学习完成后,还可以进行组间交流,教师可以根据学生的交流结果进行总结、补充并适当进行讲评。

3.学生自主练习

在学生自学、小组讨论、交流以及教师讲评后,学生再进一步地练习提高技术技能,以期取得最佳的学习效果。

4.学生技能展示

学生在完成动作技能的学习、练习后,每一个小组可以选一个代表,在全体成员面前展示学习成果。

(三)高校体育合作教学模式的构建路径

1.转变传统体育教学思想,培养学生合作学习意识

新时期高校体育的发展现实要求各高校必须转变传统的体育教学思想,重视对学生全面素质的培养,充分认识到提升学生合作学习意识的重要性。教学思想是指导教学实施的前提和基础,合作教学的思想是根据小组学习中的团体压力和相互间的沟通交流来提升学生的学习主动性、体现学生学习的主体性。通过小组的合作学习改变传统以教师为主的教学模式,真正让学生成为教学的中心,形成师生间、学生间的动态互动模式,使其相互借鉴、共同学习。

2.创新设计学生合作学习的过程,进行合理分组

高校体育教学模式在真正实施中,要创新性地设计学生合作学习的过程,即学生按照怎样的方式进行具体的合作学习。首先,要根据教材的

内容来制定方案,达到教材中某一时期的教学目标,只有拥有正确的目标才能进行追求;其次,根据每位学生的不同兴趣爱好以及身体状况、体育特长等进行分组,并制定小组的目标,这个目标的制定要符合小组的实际并能使每位同学都起到重要的作用。

3.完善体育教学的评价标准,激励合作学习的主动性

高校体育合作教学模式的实施是否收到成效,是否符合教学目的,都需要拥有一个具体的评价标准,合理的教学评价标准有助于激发学生的学习主动性,也能够为教师提供一个明确的教学方向。合作教学的评价主要包括教师的评价、小组自身的自我评价以及其他小组的评价等,当然最重要的是要将小组视为一个整体进行评价,这样才能构成一个完整的评价体系。此外,教学评价要科学、全面,不能全部否定也不能完全认同,要对每位学生进行平等的评价,在强调个人对小组重要作用的基础上,肯定每一位成员的进步,并能根据学生的不同基础水平进行不同程度的评价。

第四章　高校体育课程体系要素分析

学校体育教学是终身体育的基础,运动兴趣和习惯是促进学生自主学习和终身坚持锻炼的前提。

第一节　教学主体

一、体育教师的任职资格

体育教师是体育文化的传播者和体育文明的创造者,是人的社会化的促进者,是学生体育学习的指导者和合作者,是学生体质健康的维护者和发展者,也是学生完整人格的重要塑造者。

在课堂教学中,体育教师是课堂的主体,是学校体育工作的具体执行者。工作的好坏,直接关系到学校体育任务能否顺利地完成。为此,明确体育教师的职责有着重要意义,应做到以下十个方面的内容。

第一,忠诚党和国家的教育事业,认真学习党的教育、体育方针,努力钻研业务、技术,树立"忠诚党的教育事业"和"安心终身做体育工作"的思想,努力做一名合格的体育教师。

第二,热爱本职工作,认真学习和钻研体育课程标准,搞好体育教学,严格评定学生体育成绩,完成体育教学的任务。在深入调查研究中,掌握学生和教学的实际情况,在钻研教学教法的基础上,认真备课,不断提高教学质量。

第三,要充分利用体育课堂对学生进行思想教育和组织纪律教育,引导他们养成遵守纪律,听从指挥的良好习惯。

第四,通过体育教学,向学生进行体育、卫生保健教育,增进学生的健康,增强体质,促进德、智、体、美、劳全面发展,为提高全民族的素质奠定基础。每节课都要确立教学目标,提高教学效率,大面积提高教学质量,热心为学生服务。课上不得随便离开学生,保障学生的人身安全。

第五,规范体育教学常规,教师要以身作则,严于律己,上课时做到仪表端庄,语言简练,口令清晰,示范动作及术语准确。要讲普通话,教态稳重、亲切。穿着得体,便于给学生做示范动作。

第六,认真上好每一节课。要提前十分钟到达操场,做好上课前体育器材、运动场地的安排布置工作,认真执行教学计划,不能随心所欲,教学活动中教师示范动作要做到准确、熟练、优美。

第七,要根据授课的内容和任务,努力做到精讲多练,既要学生通过锻炼增强体质,又要掌握一定的运动技巧,要特别重视对学生进行安全教育,杜绝伤害事故的发生。还要及时送还体育器材,做到不损坏,不丢失。

第八,在教学活动中根据学生年龄、心理、体重等特点因材施教,注意防止意外事故的发生。努力提高学生的体育素质,加强敏感度及技能技巧的培养。在定期的抽查活动中,课堂教学目标要落实到位,并能灵活地处理,学生能够达到预期的教学目标,课上学生有良好的学习习惯和行为,课堂纪律良好。

第九,认真做好体育成绩考核评定,建立健全学生体育档案、运动队训练档案及各项竞赛活动等资料的整编。体育课训练有序,学生能达到课程标准规定的基础知识和基本技能的要求,体育达标率在90%以上,优秀率在50%以上。

第十,切实组织好全校的早操、课间操(或课间体育活动)和班级体育活动,积极推行《国家体育锻炼标准》。搞好课余体育训练工作,组织和辅导学校安排的校外体育活动、大课间活动、运动队、体育竞赛等各项体育活动,做到有计划、有组织、有效地完成体育教学的目的任务。

二、体育教师的教学能力

体育教师的本职工作是搞好体育课堂教学,其中,执教能力是体育教师实现教学最优化和提高教学质量的前提条件,是教师完成教学任务所必备的实际工作技能。改革教学内容和方法、提高教学质量,主要体现在教师的业务水平和教学能力的高低上。体育教师的教学能力一般包括组织教材能力、选用教法能力、教学组织能力、语言表述能力、动作示范能力、正误对比能力、保护帮助能力、应变能力、电化教学能力等。

(一)组织教材能力

组织教材的能力是指教师根据教学大纲的教学目的、教材内容、教学条件及学生的实际情况来制订教学计划,决定教学的难点、重点及讲解示范的详略。因此在教学中,教师应认真学习体育教学大纲和教材,系统地分析了解和掌握各项教材内容的目的、任务和要求,并能根据课程任务、学生实际及教学条件等认真处理好每次课的教学内容。体育教师要从整体上把握教材的编排序列,明确学年、学期的教学内容,明确每一次课在整体教学中所处的地位和作用,进一步深入研究每次课程的教材,正确掌握动作要领、突出重点、突破难点。只有这样,从整体考虑到局部,由局部教学实现整体目标,才符合教学最优化标准。

(二)选用教法能力

选择和运用好教学方法,是提高教学效果的重要环节,在选择教学方法时,教师考虑的方面越多,教学过程中所取得的效果也会越好。现代体育教学方法多种多样,体育教师应对各种方法有全面的了解,通过比较,多中选优。教法的选择要有针对性,必须符合教学原则、教学目标、教材特点、学生的学习可能性、教师本身的可能性、学校的教学条件和所规定的教学时间。选出的教学方法,还需有效地加以运用。为此,要特别注意教与学的配合,保证师生双方的协调活动;充分考虑到学生的外部表现和内部变化,使学生主动学习;还要根据学生掌握知识技能的不同阶段,使教学方法的运用既能前后联系,又体现出区别对待。

(三)教学组织能力

体育教师的课堂教学组织能力是上好体育课的重要条件。体育课一般在室外进行,受外界环境干扰较大,学生人数多,学生兴趣和爱好不一致。因此,一个体育教师必须具备较好的组织管理能力。体育教师的组织管理能力主要表现为课堂教学管理、课余训练、课外活动、体育竞赛的组织管理及对学生思想进行疏导、教管等方面。在学校体育工作中,要求体育教师对这些工作具有较高的组织管理能力,才能胜任本职工作。

在教学中,要求教师严格执行课堂常规,注意课程的结构和时间的合理安排以及组织教法的合理运用,从而保证课堂的教学密度和运动负荷,提高课堂的教学质量。在教法方面,要做到讲解精练、示范正确,能抓住重点、难点,因材施教,激发学生的练习兴趣,有效地调节、控制整个教学活动。运用启发式教学,提高学生的思考能力和分析能力,及时发现和纠正学生的错误动作,采用有效的保护措施,防止伤害事故发生,提高教学质量。

(四)语言表述能力

体育教师课堂上的语言表述能力主要表现在讲解流畅,口令准确,吐字清晰,声音抑扬顿挫,以及表情、姿势、手势等方面。体育教师语言的表述程度,将直接影响教学或训练的效果。教师语言描绘的形象性、生动性、准确性与幽默性,能唤起学生的有关记忆,调动学生各种分析器官的协调活动。

体育教师的教学语言应力求无声语言和有声语言的结合。无声语言主要是表情达意的目光语、充满爱心的微笑语、得体适度的手势语和优美规范的身体语(示范动作)。体育课中的无声语言,对于增强学生的学习信心,积极大胆地参与各种练习活动具有特殊的功效。有声语言指口头语言,它要求体育教师讲好普通话,具有良好的发音、清晰的声调、响亮的口令、准确的吐词,指示应明确,讲解、比较、评价、结论应恰如其分。课堂上应尽量减少乃至消除"嗯""啊""这个"之类的多余话语。作为一名体育教师应特别注重对自己语言技巧的培养和提高,以便更加有效地控制体育课堂教学的顺利进行。

(五)动作示范能力

示范能力是体育教师有别于其他教师的一种特殊能力,是直观性原则在体育课堂教学中的具体表现。在动作技能形成的第一阶段,教师最初的动作示范应当是正确的、优美协调、完整和常速的,这有助于学生形成正确的动作表象及动作概念,也有助于激发学生学习动机,引起跃跃欲试的积极主动精神。

在动作技能形成的第二阶段,根据实际教学的需要,教师可以改变示范的方式,例如环节示范、正误对比示范或者慢速示范等。做完整动作示范时,应使学生看清动作的全过程、动作的阶段及各个阶段的衔接。做分解动作或做某一动作的细节时,应使学生看清楚完成动作的方法与要点和四肢、躯干的配合等。教师在示范之前应先讲清动作的全过程和所划分的阶段,以及应注意的要点。对可以停顿或慢速度的动作,可边讲边示范,也可边示范边启发学生回答完成动作的方法和要点,也可要求学生模仿教师的动作,边听、边看、边想、边做,把注意力集中到学习技术动作上。示范要选择适宜的时机和位置,并根据需要和场地等具体情况,做正面、侧面和背面的示范动作,还要注意不使学生迎着阳光、风向和容易分散注意力的方向站立。

(六)教学保护与帮助能力

保护与帮助是体育课教学中不可忽视的重要环节,是体育教学中常采用的一种有效预防创伤的重要措施。要掌握好他人保护、自我保护、直接帮助、间接帮助、利用器材帮助等动作要领及方法。同时,要学会选择适当的位置,把握准确的时机。在教学实践中应通过师生的共同努力,尽量避免伤害事故的发生,更好地保证体育教学任务的完成。

在技术练习中由于学生的身体素质和心理状态不尽相同,他们在完成练习时可能会出现某些错误动作,或因恐惧心理不敢参与练习,甚至造成意外伤害事故。课堂上教师正确的保护和帮助,可使学生克服恐惧心理,树立学习的自信心,避免伤害事故的发生,从而更好地完成课堂教学任务。有些练习尽管学生能够完成,但由于理解动作或身体感觉不准确,完成动作的标准和质量都达不到教学要求。在这种情况下,教师应及时给予学生帮助,使学生技术动作做到位,正确感受到技术动作的要领,这样无疑对学生掌握技术有良好的促进作用。有些学生由于心理素质差,虽说具备了完成练习的能力,却因怕受伤而不敢参与练习,这时教师用信任的目光和手势或"大胆做,我来保护你"等鼓励的语言,能使学生在心理上感到"老师信任我,有老师的保护,我一定能够完成练习",从而克服恐惧心理,树立学习信心,战胜自我,大胆地投入练习。可见,体育课中的保护与帮助对顺利实施课堂教学,完成教学任务有着积极的促进作用。

(七)教学评价能力

教学评价能力是体育教师应具备的教学能力之一,它包括课中评价和课后总结两个方面。

课中评价主要是对学生在课堂上的活动做出及时、恰当的言语评价。言语评价的作用在于能让学生及时了解自己的学习结果,从中获得信息反馈,提高学习兴趣和效果。同时学生在教师肯定性的评价中获得心理上的满足,从而保持学习的积极性和主动性。课后总结包括课堂总结和课后小结,课堂小结主要是对学生在课堂上的表现做出合适的评价,总结优点,找出不足,指出努力方向。课后小结主要是对课堂上的组织教法,课的实施状况及教学效果进行全面的分析和总结,并提出改进的意见和方法。

(八)评析教学活动能力

对体育的评析不能只着眼于一节体育课,而应把体育教学作为一个完整的过程进行分析和评价。体育教学的评析能力包括教师自身教学效果、学生学习效果的分析和评价两个方面。

体育教师教学效果评析,首先应评析一节课在整个教学过程中的关系,各环节与课的整体关系。然后评析教学目标与教学活动的选择是否一致,在教学活动中是否贯彻因材施教、区别对待的原则;是否考虑了学生的主观能动性,培养了学生学习的兴趣,发展了个性的措施;教学方法是否符合人体活动规律,学生生理、心理特点等。最后通过对学生的考核,分析学生的学习结果与教学目标的差距。教师通过以上自我评析,可以总结教学经验,改进教学方法,提高教学质量。对学习效果的检查、分析、评定,得出的各种数据十分重要。从中可以发现学生的学习程度与教学目标的差距,找出教与学中存在的问题及产生的原因,从而提出改进教与学的措施。对学生学习效果的评析应综合学生整体教学活动中的发展过程和结果,鼓舞学生学习,坚持锻炼,从而促进教与学的双边活动,使教学目标和学习目标趋于一致。

三、体育教师教学素养的含义

教学素养是指在日常教学过程中,体育教师表现出的教学、教学艺术、教学行为等教学能力,体育教师的教学素养对体育教学目标的实现具有极大的意义。

(一)体育教学的界定

所谓教学是指为达到教学目标所采用的符合学生认知(技能形成)的教学方法、步骤及行为方式的综合艺术。教学涵盖教学方法,但不等于教学方法。它的外延比教学方法宽广,层次比教学方法更高。

1.体育教师教学的性质

体育教学包括对体育教学过程、内容的安排,教学方法、步骤、组织形式的选择。这些因素的组合方式多种多样,决定了体育教学的复杂多变性。认识体育教学的特征,可以加深对体育教学的把握,更好地开展体育教学活动。

(1)目标性

体育教学的产生就是为了解决现实的教学问题,掌握一定的教学内容,实现预定的教学目标,收到预期的教学效果。体育教学的目标性体现在两方面:其一,一定的体育教学总是针对一定的教学目标的,而且总是尽力满足教学目标所提出的要求;其二,体育教学的活动无论是内容、方式、程序都是指向体育教学目标的,即为达到一定的教学目标而存在。当达到一定的教学目标,完成了一定的教学任务时,这一手段就不再继续运用,而是指向新的教学目标,施行新的教学。

(2)可执行性

任何体育教学都是针对教学目标的具体要求而制定的、与之相对应的方法、技术与实施程序。它要转化成为教师与学生的具体行动,最终通过教师与学生的具体行动来达到教学目标,这就要求体育教学必须是可操作的。

(3)整体性

体育教学是在教学之前,按照一定的目标和要求,预先设计出来的教学方案程序。在设计过程中,要把相关的方法和技术以及操作的具体要求,按照一定的形式组合起来。例如,教学活动的元认知过程、教学活动的调控和教学方法的执行过程等。并在此基础上对体育教学进程和师生互动方式做出全面的安排,并能在实施过程中及时反馈、调整,在组合这些相关因素时,必须对体育教学的全过程及其各要素加以综合考虑。这一特征强调体育教学不是某一单方面的教学谋划或措施,而是某一范畴内具体教学方式、措施等的优化组合。

(4)调控性

由于教学活动元认知过程的参与,体育教学具有调控性。元认知实质上是人对自身认知活动的自觉意识和自觉调节,体育教学活动的元认知就是教师对自己的教学活动的自觉意识和自觉调节,教师能够根据对教学的进程及其各要素的认识反思,及时把握教学过程中的各种信息,即时反馈和调整教学进程及其师生互动的方式,加速体育教学进程。当体育教师具有元认知能力,能自觉认识和调节教学进程时,体育教师对教学的运用就达到了较高的水平,教师的教学能力就得到了相应提高。教学的调控性表现了教师对体育教学过程的及时把握和调整,表现了体育教学活动的动态性。

(5)灵动性

体育教学与所要解决的教学问题之间的关系不是绝对的对应关系,这说明体育教学具有灵活性。体育教学的灵活性还表现在教学的运用可以随着问题情境、目标、内容和教学对象的变化而变化。体育教学中不同教学对同一学习群体会产生不同的教学效果，即便是采用相同的教学和同样的内容，对不同的学习群体也会产生不同的教学效果。这个特点要求体育教师在掌握和运用时思维要有灵活性。

2.体育教学的类别

(1)课堂教学

课堂教学一般由教师控制课堂教学，如在体育课堂上，由体育教师选定教学内容、教学目标、方法和教材，确定每项活动延续的时间，制定评估标准，并评定每个学生的成果。

(2)以教师为中心的教学

从整体看，以教师为中心的教学比课堂教学开放。尽管在应用这种教学时仍由体育教师指导教学，但是与课堂教学相比，它强调的不是教师做什么，而是学生的活动。

(3)以项目为中心的个别或合作教学

以项目为中心的个别或合作教学涉及更易变化的情境，该情境要求体育教师掌握合作、管理的技能，建立民主的班级气氛，尊重学生的参与。其体育教学活动方式往往是教师与学生为达到预定的目标，选取和分析与教学方法、任务、程序及程序有关的各教学项目。在体育教学活动中，体育课由教师与学生共同合作完成。先由学生意识到需要掌握某种运动技能，产生学习这种能力的愿望，教师再告知他们掌握这种技术的基本原理，让学生自己设计练习步骤。如果学生学习上有偏颇，教师就加以启发引导。

(二)体育教师的教学艺术

体育教学艺术是指教师在体育课堂教学活动中，在遵循教学基本原则的基础上，熟练地掌握和创造性地运用教学方式、方法的艺术。它是教师以自己独特的方式方法组织教学，将体育的基础知识、基本技术、基本技能与审美融为一体，使学生在愉悦的环境中高效率地学习体育技能技巧，养成终身锻炼的习惯。它是教师学科知识与智慧的结晶，是教师创造性地运用教学模式、方法的升华,同时也是教师独特教学风格的再现。因此,体育教学艺术具有创造性、艺术性、情感性、娱乐性、个性化等特点。

1.开展教学的艺术

组织教学贯穿每一堂课的始终。在课堂上,教师必须有条不紊地把学生组织好,充分利用每一分钟,保证课堂的密度和运动量符合学生的身体素质、生理特征;认真贯彻基础知识、基本技术、基本技能的教学,使学生在一堂课中逐步达到既定的目的,圆满完成教学任务;正确地组织教学,讲究教学艺术,有利于学生系统地、有组织地进行练习,使学生养成遵守课堂纪律和积极参加体育锻炼的好习惯。在课堂的初始阶段,要采取有针对性的教学手段来集中学生的注意力,激发学生练习的情绪,并使学生了解本次课堂的教学内容,应该怎样练习,以及要达到什么样的目标。为了激发学生上好体育课的兴趣,在队列的操练、队形的变化和练习作业上都要经常变化,组织形式也要多样化。同时教师还要做到口令清晰,声音洪亮,能熟练地调动和变化队形,合理地安排练习。

2.分析讲解的艺术

体育教学中的讲解是以语言为主要的表达形式,向学生传授体育知识,完成体育教学任务的重要环节。在体育教学中,教师要讲究语言的科学性和艺术性,使学生产生良好的心理定式和情感变化,这样才能激发学生学习的兴趣。在课堂上,教师通过简明扼要,生动形象的语言进行讲解,能使学生了解技术动作的概念和练习方法,以及教师的教学目的和意图,从而能够使学生对所学的技术动作有个初步的印象,并形成感性认识,再通过大脑的思维活动上升到理论性认识。这样,就可以为顺利地掌握技术动作打下良好的基础。因此,讲解的艺术包括以下几个方面。

(1)讲解的语言要言简意赅、抓住关键。通过体育课的教学,不仅要向学生传授体育知识,更为重要的是要让学生掌握所教的技术动作和技能,并通过反复练习,达到锻炼身体,增强体质的目的。在通常情况下,每堂课讲解的时间是有限的。因此,讲解时语言必须精明简练、抓住关键,做到有的放矢,言必有中。这样的讲解才能吸引学生,达到以一贯十、举一反三、触类旁通的效果。教师可以在教学过程中将技术动作要领编成讲起来朗朗上口,学生听起来易懂、易记的"口诀",这样就能更好地激发学生学习的积极性和兴趣,从而收到更好的教学效果。

(2)讲解的语言要生动活泼,饶有风趣。体育教学的主要任务之一,就是要让学生掌握体育基本知识、技术和技能,并通过练习促进身心健康。因此,体育教学应当寓教于乐,把课上得生动活泼,这就要求教师在讲解动作要领时,语言要生动形象,避免枯燥无味,或者千篇一律,以提高学生中枢神经的兴奋性,激发学生学习的热情。兴趣是最好的教师,它能使学生对即将进行练习的技术动作产生跃跃欲试的心理。只有寓教于乐、寓教于趣,才能使学生心情舒畅,才能吸引学生的注意力,激发他们的求知欲望。

(3)讲解的语言要深入浅出,善用比喻。在体育教学中,体育教师讲解的语言还应力求声调抑扬顿挫恰当,节奏轻重缓急适宜,速度快慢适中,声音洪亮清晰,条理清楚,语言亲切,富有情感色彩,还可以运用手势、体态、眼神、表情等来帮助表达。如果所教的技术动作比较复杂,无法用简练的语言讲清楚,则可以采用学生日常生活中经常接触或比较熟悉的事物来比喻,这样就可以把许多复杂、费解的技术动作讲得清清楚楚,这样就能收到事半功倍的教学效果。

3.动作示范的艺术

体育课堂教学主要是通过学生做各种练习来完成教学任务的,技术动作练习是体育课堂教学的主要内容。因此,技术动作示范是体育课堂教学中最常用、最主要的一种教学法。示范是教师向学生传递信息的主要工具,教师以具体动作为范例,使学生通过观察了解技术动作的形象、结构、要领和方法。因此,在体育课堂教学中正确的示范有着其他教学手段无法替代的作用。在体育课堂教学的示范过程中,要注意以下几个问题。

(1)示范要明确目的。在体育教学中,示范是直观教学法的基本手段,教师的每一次示范都应当有明确的目的,什么时候示范、示范什么、怎样示范、示范中要提示学生观察什么,怎样观察等等,这些都应当根据认识规律和教学的目标任务,教学步骤和学生的实际情况而定。一般来讲,在学习新教材时,为了让学生对即将学习的新教材建立完整的动作概念,教师可以先做一次完整、准确的示范,然后在讲解的过程中,根据教学步骤,再进行重点、难点动作的示范。

(2)示范动作要标准有美感。在体育课堂教学中学生掌握技术动作的过程,其本质是条件反射的建立和巩固的过程,是条件刺激和无条件刺激物(肌肉感觉)相结合的结果。因此,体育教师在教学过程中的示范动作要力求准确、优美、娴熟、大方,让学生在观察教师的示范动作后,能建立起一个完美正确的表象。如果教师的示范不准确,学生在练习中就会出现错误动作,久而久之就会形成错误的动作定型,以后再纠正就不容易了。因此,在体育教学中教师示范动作的准确优美至关重要。

(3)示范要讲究适用性。示范的方向和位置要根据学生的人数和队形,动作的性质、结构和要求,以及学生观察的部位等因素来确定。一般教师示范动作要以让全班学生都能看得清楚为原则,有时还要根据动作的变化适当移动方向和位置,同时在选择示范的方向和位置时,还要考虑阳光、风向和运动场地周围的情况等外界因素。

(4)示范动作要有效传达。示范动作应当根据示范的目的,掌握快、慢的速率,有些技术动作结构比较复杂,为了使学生能够比较清晰地看清楚动作的过程,正确理解各个动作环节之间的变化,以及动作的顺序,就应当适当放慢示范动作的速率。有的技术动作,如武术中的套路、篮球的跳起投篮等还可以采用分段和单个动作的示范和练习。为了加深学生的记忆,必要时还可采用正误动作对比示范,即教师在做完正确示范之后,将学生在练习时容易出现的错误动作也模仿出来,让学生对正确和错误动作进行比较,这样既活跃了课堂气氛又可加快教学进度,提高教学质量。但是要注意,教师在模仿学生错误动作时,千万不可丑化学生,否则会伤害学生的自尊心,影响学生的积极性。

4.开发学生思维的艺术

古人云"授人以鱼,不如授人以渔"。体育教学中不仅要教会学生某一技术动作,更重要的是提高他们的思维能力。在体育教学中可以结合教材的特点,采用"发现教学法""小群体教学法"和"合作教学法"。此外,教师在启发式教学过程中要不断提出问题,提高学生的注意力。在提出问题的时候,要突出重点,要有思维价值,要能激发学生的兴趣。另外,教师提问还可以增强师生之间的交流,使教师掌握学生的真实水平,有利于教师进一步有的放矢,展开教学。

5.激励学生的艺术

激励是体育课堂教学中的教学艺术之一,加强教学激励的艺术,可以充分调动学生学习的积极性,把体育课上得生动、活泼、有实效。用激励的语气布置任务,可以充分利用人的自尊心和荣誉感,使其潜在的能力得到最大限度的发挥。相反,用命令的语气布置任务,则会从一开始就剥夺了学生的主动性和创造性,降低他们活动的热情,尤其是在遇到有一定难度的任务时。在学习过程中,对于一些暂时遇到困难或动作发生错误的学生,教师要适时地给予他们指导和激励,此时学生最害怕的莫过于受到教师的挖苦和冷遇,如果处理不好,不仅不利于动作的学习,还可能造成学生对教师的逆反心理。遇到上述情况时,应肯定学生正确的部分,激发其刻苦练习的精神,并提出新的期望,鼓励其向更高的目标迈进;对有过失的学生,奖惩要适度,晓之以理,动之以情,激发其改进和提高的动机和行为。总之,运用奖惩激励时,要注意内容、形式、方法的多样化、艺术化,创造适宜的奖惩心理氛围,充分发挥奖惩的激励杠杆作用,注意奖惩的激励艺术,充分调动学生的学习主动性和积极性,引导学生求知、求实、创新。

6.调动课堂氛围的艺术

创造良好的体育课堂教学气氛,是广大体育教师努力追求的目标之一。体育教学过程是一个多元的、互动的体系,其中的师与生、教与学的意向、动机、兴趣等总是在一定的情境中产生的。运动技能的形成,认识水平的提高,健康心理的培养,都是在良好的课堂教学气氛中潜移默化地进行的。因此,探讨体育教学如何对各种因素进行调控,使学生对学习产生浓厚的兴趣和拥有饱满的热情,从而创造良好的教学气氛,无疑具有重要的理论和现实意义。

7.运动场所的艺术

气候、温度、光线、声音、气味、色彩,这些物理因素会直接影响到学生的身心活动,会使学生产生不同的生理和心理反应。清新的空气、整洁的场地、广阔的空间,能够使学生心情愉快、学习认真、精力集中,较快地掌握动作,提高学习效率。如果让学生在空气污浊、尘土飞扬、卫生情况较差的场地上学习,就会使学生精神涣散,降低教学效果。因此作为体育教师,要充分做好课前的场地准备,通过观察,精心设计、合理布局。如在阳光灿烂的日子,整洁的水泥球场,绿色的草场,红色的跑道,加上绿树成荫的花圃,每一个学生都会以最明朗的心情去拥抱蓝天和阳光。这样良好的教学环境就具有很强的凝聚力,它可以通过自身特有的影响力,将学生聚合在一起,使他们产生归属感和认同感。

作为教学环境的重要组成部分,体育教学设施不仅直接影响和制约着体育教学活动的顺利开展,而且以自身的外部特征给学生带来不同的刺激影响,如体育器材布置错落有致、整洁有序,则给学生一种愉快、轻松的感觉。教师应充分备课、熟悉教材,对场地器材进行科学合理的布置,为学生创造一个良好的练习环境,刺激学生参与教学过程。调动学生多重感官的积极反应,促进学生在认知过程中对信息的感知、理解,对学习的态度、教学效果、教学质量产生良好的影响,从而达到预期的教学目的。

8.评价交流的艺术

在体育课中,教师还必须恰如其分地运用评价艺术来辅助教学。所谓的评价艺术,不仅指体育教师对学生掌握教学内容状况的评定,更重要的是指体育教师对学生的认可程度。因为每个班都会有体育基础好的和差的学生,因此以尊重的心态对每个学生做出适当的评定是非常重要的。对于体育基础差的学生如何给予评价,如何提高他们的学习成绩,应该作为体育教师的教学重点。体育差生大多是因为自身体质等因素而导致对体育课有一种害怕情绪,教师一定要遵循关心、爱护、鼓励的原则耐心进行教学,对他们学习效果的评定也一定要注重提高的过程,使这部分学生都能看到自己的进步,增强自信心。

在对学生的评价中,学生的自我评价也是重要的组成部分。在自我评价中,学生既是评价客体又是评价主体,即不仅是评价者,更是自我评价的主人。学生自我评价是指学生依据评价目标和标准对自身所做的评定和价值判断,它有利于学生在学习过程中对自己的行为进行不断的检查和调整,形成良好的自我反思、自我调整的教育机制;有利于培养学生的主动参与意识,使学生在学习中主动设计自我成长的历程,使评价成为学生自己的事,使学生为自己的评价承担责任,真正成为评价的主人、学习的主人。

评价的最终目的在于促进学生的成长与发展。因此采用多种形式的评价,对学生学习过程中表现出的兴趣、态度、参与学习程度,以及他们的语言发展进行判断,对他们的学习做出肯定,有助于提高学生的学习积极性,有助于培养他们的学习兴趣以及认识自我,获得成功的体验,建立自信心。

(三)体育教师教学行为的定义及分类

体育教师教学行为指在体育教学过程中为达到教学目的所采取的教学行为和活动,主要有教学方法、手段、口头语言、体态语言、情绪和仪表等行为表现。体育教师的教学行为与体育教学效果及教学质量息息相关,体育教师选择的最佳教学行为方式能有效提高学生学习的积极性和主动性,增进和提高教师与学生的情感交流,有利于教师和学生进行思想交流和实现教学信息反馈,从而实现体育教学的目的。

体育教师的教学行为可以分为两个层面:一是和教学、教学设计有关的教学行为;二是在教学过程中表现出的具体教学行为。后者又可以分为语言和非语言行为两类。语言行为主要包括讲解、提示、口令、表扬、批评、布置任务、讲评等;非语言行为主要包括布置场地器材、示范、保护帮助、表情、姿态、手势等。

1.体育教师教学行为的要求

(1)真实表现的要求。真实表现的教师行为要求是反映体育教师对教育教学活动客体本身的运动发展规律的探索和认识,包括体育教师的知识结构和教育理念。知识结构方面包括体育教师拥有的知识结构体系,渊博的知识是教师教书育人的手段和工具,也是教师自我完善的必备条件。体育教师不仅要具备精深的专业知识,也应了解相邻学科的知识,拓展自己的知识面,这样才能准确无误地向学生传播知识,激发学生的兴趣和热情。教育理念是对教育的本质观、价值观、主体教育观及过程观问题的理解和认识,以及在此基础上形成的教育信念,这是体育教师有效教育教学的理论基础和前提。

(2)求善精神的要求。其主要指体育教师的专业精神要求,包括体育教师的职业道德和个性心理品质。求善精神的孕育与养成,是体育教师通过对教育活动的深刻认识并形成相应的教育价值观,孕育相应的教育情感和社会责任感,进行教育行为的价值选择,只有这样,体育教师才能达到自律的、超越的人格目标。

(3)审美超越的要求。其主要有教师的审美意识、教学风格、行为举止实践能力、心理辅导能力和教育科研能力等方面。如果说体育教师的知识结构、教育理念和专业精神是体育教师行为的可能,那么体育教师的审美则是体育教师行为效率的必要条件。

2.体育教师教学行为转变的处理

体育教师教学观念的更新和角色的变化,必然带来其教学行为的转变。只有转变体育教师的教学行为,先进的教育理念才能落到实处,才能真正实施新课程。

(1)教学设计上的创新。体育与健身课程都以学生发展为本,所以课程内容是面向全体学生的,要使课程真正成为每一位学生的课程,需要体育教师对每一位学生了解,需要对课程的理解、内化、再创造。教师是架构课程与教学的桥梁,教学是连接课程与学生的纽带,体育教师应按照新的课程标准,结合学生的实际,生动、丰富、具体地进行教学,以形成每一位体育教师独特而有效的教学设计。

第一,教师要研究新的课程体系,根据学校现有资源和学生特点,精选传统特色、地方特点的体育与健身学习内容,同时开发新兴、时尚、学生喜欢的体育学习内容,为学生提供更多的学习选择,不断丰富体育与健身课程的内涵。体育教师还要根据学生的爱好,不断更新、充实、拓展和提升自己的专业素养,通过多种途径的学习和培训,学习新兴的运动项目,努力为学生提供感兴趣的学习内容。

第二,教学目标是学生的学习目标,应该是具体的、可协调和可测的,而不是传统意义上的统一、规定的目标。所以,学期教学目标、模块教学目标、课时教学目标的设计需要教师的创造性劳动,需要教师从学生学习和发展的角度去考虑和设计。

第三,教师的教学设计还在于对教学内容的选择上,教师要精选学生喜欢、健身性强、与学生日常健身和生活密切相关的教学内容。如在篮球教学内容的选择上,教师要打破原有的竞技教学内容体系,根据学生现有的技能特点和能力,结合学生的健身实践,精选学生最需要的学习内容,使其为自主健身服务。

(2)教学过程中的平等。课堂教学是教师与学生交流、互动的主要场所,也是引导和促进学生体育与健身学习的行为所在。每一位体育教师需要在教学行为中尊重每一位学生做人的尊严和价值,切实做到尊重运动能力弱的学生,尊重体育学习中有困难的学生,尊重和自己意见不一致的学生,尊重学习过程中有错误的学生,尊重学生独特的体育与健身学习方式,提高体育与健身教学的民主性。尊重学生意味着不伤害学生学习的自尊心,因此在体育与健身学习中,教师应努力提高自己的师德修养,做到不体罚学生,不辱骂学生,不羞辱、嘲笑、挖苦学生,不随意当众批评学生,不大声训斥学生,不冷落学生,不命令学生,使自己成为学生学习的朋友和伙伴。

教师在尊重每一位学生的基础上,还要学会关注和赞赏每一位学生。体育教师要关注每一位学生独特的体育兴趣和运动特长,赞赏每一位学生的进步和闪光点,赞赏每一位学生所付出的努力和表现出来的学习意愿,赞赏每一位学生对教学提出的建议,赞赏每一位学生对自己的超越。

在教学过程中,体育教师不仅要帮助、引导和促进学生学习,还要帮助学生营造和维持学习过程中良好的学习环境和积极的心理氛围。要帮助学生努力达成个性化的学习目标,并建议学生设计体育锻炼计划和形成自主健身方式;帮助学生发现自己独特的体育潜能,促进学生学会学习,学会合作,学会做人。

(3)教学反思中的调控。教学反思是"教师专业化发展和自我成长的核心因素",也是每一位体育教师最重要的教学行为。只有教师经常性地进行教学反思,才能不断改进自己的教学方式和行为方式。因此,教师应在教学反思的基础上,不断提高自己的反思性教学能力,提高有效教学的效果。体育教学反思,从教学的整个过程看,它包括教学前、教学中、教学后这三个阶段的反思。从反思的方面看,包括对教学设计方面的反思,对学生学习目标达成度的反思,对自己教学方式的反思,对自己教学行为的反思,对评价方法和形式的反思等方面。这些教学反思是新课程改革不断向深度、广度推进的动力,是每一位体育教师成长过程中不可缺少的教学行为。没有体育教学中的经常性反思,新的课程改革也只能停留在表面上,教师的教学行为素养也得不到真正的提升。

3. 新课程体系下体育教师教学行为的革新

20世纪80年代,我国体育教学着重于让学生掌握"双基",即基本知识和基本技能。20世纪90年代,从"双基"转向重视学生能力的培养和智力的开发。但是多年的教学实践证明,只重视知识的传授,能力的培养和智力的开发,并不能使学生真正全面发展。在这种背景下,新课程标准强调教师不仅要重视学生智力开发、实践能力和创新精神的培养,更要重视学生全面发展。因此,体育教师必须彻底领会新课程的要义,突破原有教学行为模式,通过各种途径和方法,促进学生真正的全面发展。

(1)言语行为的创新。学生是语言的受体,语言控制着教师的输入和学生输出信息。师生之间的沟通实质是信息传递与理解的过程,教师运用好语言的技巧和艺术性可以避免师生之间的矛盾。沟通是经过传递之后被接受者感知到的信息,达到完美的沟通应从三个方面入手:第一是重视教师的示范、讲解,善于利用学生的注意力,提倡精讲精练,发挥学生的主体能动性。在个别学生的自主学习中,可将个别讲解与辅导相结合,强化教师的讲解示范与学生的自主学习相关联系。第二是注重课堂教学氛围的创设,建立民主、宽松、和谐的课堂环境,增加学生的参与机会。第三是实施自主学习帮助,即在学生自主学习过程中,建立师生联系站,如班干部与体育老师通过电话联系、网络邮箱、写信联系等,为学生提供专门的服务,还可建立师生互动平台,言传身教,积极地影响学生学习。

(2)"自主学习"的指导。在技术教学中对于学生而言,每个技术的学习不是单凭课堂时间就可以学会,还需要在课外活动时间进行专门练习,这就需要老师加强学习的指导,即从课堂指导、课外活动指导、个别指导等方面进行,如在课堂上对篮球技术学习方法的指导,课外活动中应注意问题的指导等,以便使学生合理有效地进行学习,从而提高学习效果。

(3)"自主学习"中的错误纠正。在对学生的体育素质要求较高,技术的难度要求较高的学习项目中,如要顺利实施自主学习,教师就必须重视对错误的及时纠正,更何况在自主学习过程中出现的错误会比以往的普通学习多,这就要求教师要从课堂统一纠错、常见错误纠正、个别错误纠正等方面加强对学生学习过程中易犯错误的纠正,另外也可通过自主学习帮助来纠正练习中的错误,从而建立正确的动作概念及动力定型,提升学生体育学习能力。

第二节　学习主体

一、体育教学中的学生观

学生观指的是学生的基本观念,是教师的不同教育观念、不同教育思想、不同教育主张对学生认识、态度和方式上的集中体现。从构成上来考察,教师的学生观可以分为三个层次:一是观念,法制水准的学生观,即原则的学生观;二是一般水准的学生观,即在接触学生时普遍反映出来的学生观;三是具体的学生观,即教师对每个学生的个别印象、形象、想法及期待的学生观。从现代人学生观和教育观要求来看,教师在认识学生,对待学生的基本观念上,应当把握以下几点。

(一)学生身心的多变性

学生是发展中的人,具有与成人不同的身体特点,有着他们自己特殊的需要和独立发展的方式,教师对待学生不能以成人的标准去要求。并且,学生身心所展现的各种特征都是处在变化之中的,因此学生最需要教育,也最容易受教育。教师要以发展的眼光辩证地去看待学生,诸如教学目标、教学内容、教学方法等的选择,都要根据学生的身体发展水平来确定。

(二)学生主体性的表现

体育教学影响只有在得到学生的主体意识的选择、支持后,才能对其知识、能力、个性品质、身体等各方面的发展起作用。苏霍姆林斯基"让每个学生都抬起头来走路"的教育信条,就是要激发学生学习的主体性,教学活动中学生的主体性表现在以下几个方面。

(1)对教育影响的选择性。学生对教师的教育影响并非无条件的接受,他们要求教师的教学尽量适应学生的需要、符合学生的身心发展,运动员负荷量适当等。因此学生有根据主体意识,积极地或消极地进行选择的权利。

(2)学习的独立性。学生的学习起点、学习的目标与追求、制约学习的个性心理特征等是各不相同的。体育教学中教师尤其要注意因材施教。

(3)学习的主动性。学生学习活动的主动性、自觉性是学生学习主体性的本质体现,体育教师的教学活动要建立在学生对体育学习的自觉的、主动的、自我追求的基础上。

(4)学习的创造性。学生完成体育教学任务的方式、方法、思路以及对问题的认识等,并不一定完全遵循教师所教的内容或方法,可能表现出一定的创新性和创造性。因此,体育教师要赞同并鼓励这种创造性。

(三)学生具有差异性

体育教师面对的是有血有肉、活泼好动、各具个性的学生。而且,在不同年龄阶段学生的心理发展水平、生理发展水平都有差别,在知识结构、感知能力、思维水平、想象力、创造力以及兴趣、情感的表现力等方面都会有明显的差别。因此,因材施教是教学的基本原则,要求教师必须了解学生,懂得学生身心发展的特点。

二、体育教学中学生发展的特点

体育教学过程构成的基本因素是学生,他们既是体育教学的对象,又是体育学习的主体。学生的身心发展在不同的年龄阶段具有不同的特点,其生长发育表现出一定的规律性。体育教学的内容、方法、手段只有适应学生各时期生长发育的规律,才能对学生的身体健康产生积极的作用,从而提高体育教学效果。因此,了解青少年学生身心发展的特点,认识学生身体生长发育的规律,并尽可能掌握这些规律,是体育教学的根本出发点。

(一)生理特点

身体形态是身体的外部形状和特征,一般是指体格、体型和身体姿态等,主要受遗传因素和后天环境的影响。

学生身体形态的发育随着年龄的增长而增长,具有波浪式和阶段性的特点。学生身体形态发育高峰出现在青春期,随后增长速度逐渐减慢,直到成熟为止。因此体育教学必须充分考虑如何促进学生正常的身体发育,这对他们今后身心健康发展有很大的意义。

由于学生身体形态发育具有不均衡性,因此体育教师要依据学生身体发育的特点,科学设计学生的体育锻炼计划,在全面锻炼的基础上,多在体育教学中开展体操、球类、游泳和舞蹈等活动。这有利于运动器官的发展,特别是对四肢发展有益,可使学生体形匀称,体格健壮。

(二)心理特点

体育教学不仅具有促进学生身体发展的作用,而且具有促进学生心理发展的作用。所谓学生心理发展是学生个体心理所发生的积极的心理变化,主要包括学生的认识发展、情感和意志发展、个性发展三个方面。

1.学生对外界认识的特点

(1)学生感知的特点

感觉是人脑对直接作用于感觉器官的客观事物的个别属性的反映。例如,听到声音、看到颜色、嗅到气味等都是感觉。知觉是人脑对直接作用于感觉器官的事物的整体反映。知觉是在感觉的基础上产生的,是人对感觉信息的组织和解释的过程。学生往往对新颖动作示范很感兴趣,而对教师的讲解则缺乏热情。因此,教师应多运用正确、生动的语言来讲解,优美、形象的示范,通过直观方式来丰富学生的感性认识。

(2)学生注意的特点

注意是人的心理活动对一定事物的指向与集中,是意识的一个属性。高校学生比起中小学生,其有意注意发展显著,稳定性提高,注意范围扩大,注意的分配和转移能力不断发展,自觉性和灵活性也有所增强。这一阶段,随着注意的发展和抽象思维能力的提高,学生能较好地调节和控制自己的注意力,为系统地掌握体育知识和技能奠定了基础,但注意力在一定程度上仍受兴趣、爱好的支配。

(3)学生思维的特点

思维是人脑借助言语、表象和动作实现而对客观事物概括的、间接的反映,它揭露事物的本质特征和内部联系,是认识的高级形式。学生思维的发展是从具体到抽象,从低级到高级,既有连续性又有阶段性的发展变化过程。高校学生的抽象逻辑思维便占有相对的主导地位,思维的独立性和批判性有了显著的发展,思维的片面性有所改善,逐渐从经验型过渡到理论型,他们能解释和论证事物或现象之间复杂的因果关系。

2.学生的个性特点

个性是指个人整个面貌,包括与他人相同的心理特征,也指某人区别于他人所具有的意识倾向性以及经常出现的较稳定的心理特征的总和。个性包含个性心理特征和个性倾向性两个方面。个性心理特征由气质、性格和能力三个方面因素组成,其中气质受遗传因素影响较大,性格主要是由环境和教育影响决定的,气质和性格共同对一个人的能力产生影响。

在不同个体身上能力的发展有快有慢,有高有低。个性倾向性由需要、动机、兴趣、信念和世界观等构成。

(1)动机的特点

动机是推动一个人进行活动的内部动力,是指能引起并维持人的活动,将该活动导向一定目标,从而满足个体的需要、愿望和理想等的心理过程。动机是个体的内在过程,行为是这种内在过程的结果。

学生体育学习动机是随着体育学习需要本身的变化和学生对体育学习需要的认识发展而变化的。在体育教学中,只有培养和激发学生的学习动机,才能调动其参与体育学习的积极性和主动性。学生体育学习的动机实质上是其对体育学习需要的动态表现,它是在社会、家庭、学校的影响下形成的。在体育教学过程中,经常是多种动机交织着起作用,但在不同的阶段,各种学习动机所起的作用不一样,从而使学习动机呈现出不同的年龄特征。

(2)兴趣的特点

兴趣是人们探究某种事物或从事某种活动的心理倾向,它以认识或探索外界的需要为基础,推动人们认识事物、探究真理。学生对体育学习的兴趣随着年龄的增长而不断发生变化。

高校学生对体育学习的兴趣更加浓厚、稳定且具有更大的选择性。许多学生养成了从事体育锻炼的习惯,能妥善处理学习、锻炼、休息的关系。男女生之间的兴趣差别仍然存在,男生更喜欢竞赛性活动,女生对技术性强的动作产生顾虑,在体育活动中的惰性表现得更加明显。

(三)身体素质的发展

身体素质是人体在运动、劳动和日常活动中,在中枢神经调节下,各器官系统功能的综合表现,如力量、耐力、速度、灵敏、柔韧等机体能力。身体素质的强弱是衡量一个人体质状况的重要标志之一,身体素质的发展,对增强人的体质和健康,掌握运动技术,提高运动成绩,实现体育教学与健康教学的目的等都有重要意义。

1. 力量的发展

力量素质是指通过肌肉收缩来达到克服阻力和对抗阻力的能力。肌肉紧张产生的力量称为静力性力量,静力性力量不产生位移,只是使肢体维持一定的位置。肌肉收缩产生的力量称为动力性力量,动力性力量可以使肢体或物体产生位移。人体的其他素质在某种意义上取决于力量的发展,发展力量素质不仅能增强肌肉力量、提高身体的壮实程度,使身体更加结实、丰满、匀称、健美,还有利于学习和掌握各项运动技术和技能,减少肌肉损伤。决定肌肉力量大小的生理因素主要是肌肉生理横断面的大小,肌肉蛋白质多、肌纤维粗、肌肉横断面大,则力量大。力量的大小还取决于神经对肌肉活动的调节作用。完成一个动作,需要几块肌肉共同参与,有主动肌、协同肌和对抗肌。其中主动肌起主动作用,协同肌起配合协调作用,对抗肌起对抗平衡作用。主动肌、协同肌、对抗肌之间的协调配合,主要取决于神经系统的调节作用,改变协调关系就能增长力量。

2.耐力的发展

耐力素质是指人体长时间进行肌肉活动时抗疲劳的能力,是人体各器官系统机能和心理素质的综合表现,也是人体质强弱的重要标志。发展耐力素质可以有效提高人体呼吸系统和心血管系统的功能,改善新陈代谢的水平,增强抗疲劳的能力,还可以培养坚毅、顽强等优良的心理品质。

耐力包括两个方面,即肌肉耐力和心血管耐力。耐力的提高不仅取决于人的发育成熟,也与负荷要求有关。合乎规律的耐力负荷训练可使肌肉、器官、心肺、血液、免疫系统以及物质代谢调节出现适应现象。另外,发展耐力素质应符合不间断、持久性和适宜强度的原则,这是锻炼心肺的需要,心肺功能增强,耐力会随之提高。

发展耐力素质的基本途径有两个:一是增强肌肉力量、提高肌肉耐力的训练;二是提高心肺的功能,可安排室外较长时间的走、跑、跳绳、爬山、游泳、滑冰、各种球类运动等。同时应注意量力而行,循序渐进,避免过度疲劳。

3.速度的发展

速度素质是人对各种刺激快速做出反应并以最短时间完成某一动作的能力。神经系统的反应能力、做动作的频率和动作幅度的大小,是影响速度素质发展的主要因素。发展速度素质,对于提高大脑皮层的反应能力和身体快速指挥和协调的能力,身体更加灵活,做动作更加迅速,都具有重要的作用。

反应速度是指人体对信号或刺激做出应答的时间长短,反应速度的快慢取决于兴奋通过反射弧所需的时间。神经组织和肌肉组织的兴奋性、神经肌肉的灵活性及中枢神经系统的协调功能,均可影响反应速度。

动作速度是指完成动作所需时间的长短,动作速度快慢取决于条件反射的巩固程度,即动作的熟练程度和无氧代谢能力。因此,提高动作速度的关键在于经常练习,熟能生巧,而且也能提高肌肉的无氧代谢能力。

4.灵敏度的发展

灵敏素质是指人在各种突然变换的条件下,能够迅速、准确、协调地改变身体运动的能力。发展灵敏素质,对于提高大脑皮层的灵活性,使其能够在变化的情况下迅速、准确、协调地做出某些相应的动作,培养良好的观察力、判断力的反应速度,促进其他各项素质的发展具有很好的作用。

高度的灵敏素质是在其巩固的运动技能基础上表现出来的,也就是在大脑皮层分析综合能力高度发展的情况下体现的。大脑皮层的分析综合能力是在时间和空间上紧密结合进行的,因此在学习每一个动作时都要按一定顺序进行,大脑皮层概括动作的难易度所给予的刺激也要按一定顺序正确地反映出来,多次重复就会形成熟练动作。可以通过大量的动作练习形成许多熟练的运动技能,把这些变换的动作在变化的环境中完成,使大脑皮层兴奋和抑制的转换能力加强,从而提高大脑皮层神经过程的灵活性。这样,在任何条件下任何环境中都能熟练地把这些动作表现出来。

5.柔韧性的发展

柔韧素质是指人体关节活动幅度的大小以及关节的韧带、肌腱、肌肉、皮肤及其他组织的弹性和伸展能力。发展柔韧素质有利于正确地掌握各项运动技术,在突然用力的情况下,也能避免损伤肌肉、韧带等软组织。

根据人体生理解剖结构,柔韧包括四肢和躯干各关节的柔韧,其主要关节有肩、肘、腕、胯、膝、踝及脊柱等各关节。柔韧的训练就是对上述各关节灵活性的练习。在体育运动中,因项目不同而对各关节活动幅度要求的程度也就不同。但各关节全面柔韧的发展是基础,只有在全面发展的基础上,才能突出本专项训练所需要的关节部位柔韧的重要性。如投掷、体操、举重、游泳等项目需要肩关节柔韧性较高,投掷标枪时,肩部柔韧性差将不能满弓;体操运动员肩部柔韧性差会导致大量动作不能做到位,由于技术发展受到限制而会被淘汰。因而这些项目的运动员必须以全面发展关节柔韧并适应本专项需要为前提,才能突出肩部柔韧的重要性。篮球、排球、小球项目的运动员腕部柔韧性要求较高。如排球运动员的扣球动作,最重要的是腕部的柔韧,因为它是控制球的关键部位,可控制球的方向、速度。但扣球力量需要肩、胸、腰、胯的柔韧性都好才能有利于体前肌群的拉长,然后发力传递于手,使球扣得有力。如果下肢柔韧性好,将充分发挥弹跳力以赢得空中发力的时间。因此对任何一个具体项目来说,全身各关节的柔韧在每一个动作中都有其具体作用,任何一个部位都会影响动作的掌握和技术的发挥,所以各关节柔韧的发展是相互促进的。还有的项目,因专项技术的需要而对全身各关节的柔韧要求都很高。如竞技体操、艺术体操、跳水等项目,不仅对肩、腰、胸、胯、腿有较高的柔韧要求,甚至对脚面的柔韧也有较高的要求。

第三节　体育教学的客观环境

一、体育教学环境的内涵

(一)体育教学环境的界定

教学环境是一种特殊的环境,它是学校教学活动所必需的诸多客观条件和力量的总和。教学环境是教学活动中的重要因素,体育教学环境也是体育教学活动中的一个重要因素。总的来说,体育教学环境是学校实现体育教学活动所必需的多种客观条件的综合,它是按照体育教学活动中人的身心发展的特殊需要而组织起来的环境。同时,体育教学环境作为环境以及教学环境的下位概念,是学校体育环境的组成部分,也是学校体育教学的重要影响因素,是作为按照发展人的身心教育要求组织的体育教育的活动空间领域,是为了人们更好地进行体育教学、体育锻炼、体育竞赛而主动利用环境,适应环境,改造环境的产物。

(二)体育教学环境的特征表现

体育教学环境是一种特殊的社会环境,在体育教学中具有重要的意义,它是体育教学活动必不可少的物质基础,与其他学科相比,体育教学环境又有自身的特点,体育教学环境对教学产生的影响更直接、更适时、更明显。由于体育教学环境是学校里的环境,学校是专门化的教育场所,所以学校体育教学环境又有别于其他环境。体育教学环境具有以下七大特征。

第一,规范性。学校的体育教学环境是育人的专门场所,是根据全面促进人的身心发展这一需要和国家的教育方针、学校的培养目标而设计、建设和组织起来的。体育教学环境肩负着育人的重任,因此环境建设的各个方面都必须符合育人的规范和要求。

第二,调控性。体育教学环境是按照一定的要求组织起来的特殊环境,而构成这种特殊环境需要经过一定的选择、加工、提炼和论证。同时,可以根据教学活动的需要和教学环境的变化进行必要的调控,以充分发挥它的积极作用。与其他一些自发形成的环境或自然环境相比,体育教学环境具有易于调节控制的特点。人们可以根据体育教学活动的目的和需要,不断对体育教学环境进行必要的调节和控制,发挥其对学生身心发展具有积极影响的作用,消除消极影响,使体育教学环境朝着有利于教学活动顺利进行的方向发展。

第三,复杂性。相对于一般的文化课程教学,无论是物质因素还是社会心理因素,体育教学环境都更具有复杂性,使得体育教师难以把握好教学环境的整体效果。

第四,净化性。学校是培养人才的地方,有高素质的师资队伍,有国家教育政策和方针的规范指导以及比较稳定的课程体系,而且教学环境的主客体因素是在追求真理、掌握知识、发展身心这样一些共同的、高尚的目标下组织在一起的,各种环境因素并不能随意进入教学活动,都要经过一定的选择、净化、提炼和加工等纯化处理。相对其他的社会环境来说,教学环境没有外界的喧嚣繁杂,所以比较纯净,可以说是一方净土。

第五,潜在性。体育教学环境犹如空气和水一样,时刻影响着学生的学习和生活。由于体育教学环境对学生的刺激强度较弱,因而常常对学生产生潜移默化的影响。

第六,计划性。教师一般是按照体育教学的目标和学生的身心特点来设计和运用体育教学环境的。体育教学过程本质上是教师合理地、有选择性地设计一定的体育教学环境,以引起学生积极的态度体验。

第七,教育性。体育教学环境是进行体育学习的平台,它是体育教学活动赖以进行的物质依托和舞台,同时构成体育教学环境的各种环境因素本身也具有教育意义。正因为体育教学环境是一个培养人才的场所,所以人们在构建体育教学环境时,对它的教育功能的需要已远远超越对物质功能的需要,这也是体育教学环境相异于其他环境的一个主要特征。

二、体育教学环境的作用

体育教学环境的功能,指的是体育教学环境在体育教学活动的作用中产生的特殊功用与效能。体育教学环境对体育教学的影响既有积极的,也有消极的。良好的体育环境是有效开展体育教学活动的前提,是体育教学活动顺利进行的基本保证。在体育教学过程中,良好的体育教学环境能促进体育教学的顺利进行,对学生身心的和谐发展有着重要的意义。下面介绍良好的体育教学环境对体育教学活动的作用。

(一)指导作用

方向和目标是人们行动的指南,也是行动的动力。体育教学环境的指导作用是指体育教学环境可以通过自身各种环境因素集中一致的作用,引导学生主动接受一定的价值观和行为准则,使他们向着社会所期望的方向发展。体育教学环境集中体现了社会主流文化的精神和价值取向,体现了国家和社会对青年一代成长发展的期望。这些要求和期望渗透在学校的各种环境因素中,形成了一种具有教育和启示意义的教育资源,引导着学生的思想,规范着学生的行为,塑造着学生的人格。体育教学环境可以通过自身各种因素的综合作用,对学生起到引导的作用,帮助学生培养体育学习的兴趣,养成锻炼身体的习惯,并自觉抵制不良行为,形成文明健康、积极向上的生活方式。

(二)陶冶作用

体育教学环境的陶冶作用,是指良好的体育教学环境可以陶冶学生的情操,净化他们的心灵,培养他们高尚的道德品质和行为习惯。学生个体的思想信念、道德情操和行为习惯总是在一定的社会环境中形成的。实践证明,整洁文明的校园,和谐、文明、积极向上的体育教学环境,可以陶冶学生的情操,为培养学生良好的思想品德创造很好的条件。体育教学环境对人的教育作用不是强行灌输的,而是在体育教学中结合生动形象和美好的环境,通过有形的、无形的或物质的、精神的多种环境因素的综合作用,使学生在耳濡目染、潜移默化中受到熏陶和感化,从而对学生起到很好的教学效果。如果能够很好地运用体育教学环境的陶冶作用,不仅对实现体育教学目的具有重要意义,而且必将提高学校的体育教学质量。

(三)激发作用

体育教学环境的激发作用,是指良好的体育教学环境可以有效激发师生的工作热情和工作动机,提高他们工作的积极性,从而推进学校教育、教学工作的顺利开展,提高学校教学工作的质量。在良好的体育教学环境中,各种环境因素都能激发教师和学生的积极性。如宽敞明亮的教室、整洁的场地、作用齐全的器材、充满活力的运动场以及良好的学习氛围等,都会给师生带来极大的振奋和鼓舞,成为他们工作、学习的极大动力。特别是良好的班风学风,对师生来说,是一种强大的精神力量,能时刻激发师生振奋精神、团结向上。

优良的体育教学环境如翠绿的草坪、整洁的场地、个性化的场馆设施、充满活力的运动场面、积极向上的课堂教学气氛、团结奋进的校风和班风等,都能给师生心理上带来极大的满足感和愉悦感,成为激励学生勤奋学习的内在动力。

(四)健康作用

体育教学环境的健康作用,是指体育教学环境对师生的生理与心理健康状况具有极大的影响。体育教学环境是师生长期生活、学习、工作的环境,环境的好坏直接影响着师生的身心健康。实践证明,科学、卫生、安全和没有空气污染、水源污染及噪声污染的体育教学环境,能够促进学生健康快乐的成长,有效提高学习质量,并使身心得到很好的发展。另外,积极的心理环境也对学生的心理健康起到很关键的作用,如和谐宽松的学习环境和良好的师生关系,都能使学生保持乐观、稳定、愉快积极的情绪,使学生在良好的心理环境中健康地学习和成长。

三、体育教学环境的组成及要素分析

(一)体育教学环境的组成

1. 物理环境范畴

(1)体育教学的自然环境。体育课堂大多在室外进行,且学生要从事一定的身体活动,因此自然环境对体育教学的质量和效果影响较大。体育教学的自然环境主要包括校园内和学校周边的地形、森林、湖泊、草坪等,具有复杂且难以改变的特点,因此在体育教学中,应因地制宜,从实际出发来充分利用、合理开发自然环境。

(2)体育教学的物质条件。体育教学的场馆、设施、器材是开展体育教学活动,促进学生体育锻炼必不可少的物质条件。

(3)体育教学的时空环境。影响体育教学质量的时空因素主要包括以下四点。

①课表设置。体育课的时间设置既要考虑体育自身的特点和健康要求,也应考虑与文化课教学之间的关系,因为体育教学是学校整个课程教学的一个部分。

②班级规模。班级规模是指一个班学生人数的多少,它对学生成绩、学习动机情感的培养都起着重要作用。

③男、女生比例。男、女生分班还是合班是一个较为敏感的问题。

④队列队形设计。体育课堂教学中队列与队形的安排,反映了体育教师与学生的空间位置关系,它直接影响着体育教师与学生的交流与互动,并对学生的学习动机、课堂学习行为甚至体育课成绩都会造成一定程度的影响。

(4)体育教学的信息环境。信息、能源和物资被并称为当今社会的三大要素。从 20 世纪下半叶开始,随着科技革新的不断深入,现代信息技术已逐渐向学校体育教育领域渗透,并已成为推动学校体育教育事业发展的一种强大动力。在体育教学过程中体育教师可以运用多媒体辅助教学,通过文本、图像、音视频、动画等形式,可有效激发学生的体育兴趣,并以活泼多样的教学方法、手段来满足学生对体育教学的要求。

2.社会心理环境范畴

相比较而言,社会心理环境是影响体育教学质量的主要方面。它基本包括人际环境、组织环境、情感环境、制度环境、文化心理环境和舆论环境六个方面。每个方面均包括多个因素,所有因素间又相互作用,共同影响体育教学的整体质量。下面重点论述人际环境、组织环境、情感环境和制度环境四个方面。

(1)人际环境。人际关系指人们在社会交往中所形成的各种关系,如体育组内部关系、师生关系和学生关系等。这些关系构成了体育教学人际环境。

(2)组织环境。体育教学在学校各级部门的管理和协助指导下,通过体育教研组的具体计划、协调和安排,并主要落实在体育与健康课程和班级体育锻炼上,因此体育教学组织环境的优化主要体现在课堂教学、班级体育锻炼和体育教研组的建设上。

(3)情感环境。情感环境是指课堂内外的合作、竞争、期望和奖惩因素的运用及由此形成的课堂氛围。这种心理氛围可分为积极型、消极型和对抗型三种。它主要取决于多数学生对教学目标是否认同、对教师的工作态度和作风是否信服以及师生之间和学生之间是否友好。

(4)制度环境。制度环境指课堂内外的各种规章制度、管理条例,以及各成员对这些规章和条例等的认识态度和执行情况所形成的制度氛围。它对学生的行为和提高体育教学质量起到约束、督促和保障作用。

(二)体育教学环境分类的分析

体育教学环境是一个复杂的系统,分为物理(物质)环境和心理环境。它们既相互独立,又相互联系;既相互制约,又相互补充。体育教学环境对体育教学质量有着重大的影响,因而要正确地认识体育教学环境,并不断改进和完善。

1.物理环境分析

体育教学的物理环境是体育教学环境的一个重要组成部分,是学校进行体育教学活动的物质载体或物质基础,没有这个物质基础,体育教学活动只能是空中楼阁,根本无法进行。体育教学的物理环境是体育教学中各种有形的、静态的硬环境部分,主要包括体育教学场所、体育教学设备、体育教学的自然环境。

(1)体育教学场所。教学场所是学校的自然地理位置,也是学校建筑物所在位置,它从整体上规定了学校宏观的环境面貌,是能否进行教学的前提条件,包括校址的选择,占地面积的大小等。体育教学场所除了包括各种不同功能的教室外,还包括体育馆和各种体育场地,如田径场、篮球场、排球场等,以及这些场地的周围环境如树木、草坪等。体育场、体育馆的布置与建设除要考虑学校整体的布局外,其位置、方向、采光、通风、颜色、声音、温度以及建筑材料等都必须符合运动和学生身心的特点以及安全、卫生与审美的要求。

(2)体育教学设施。教学设施是构成学校物质环境的主要因素,是体育教学活动顺利进行的重要基础。教学设施是否完善、良好,直接关系到体育教学质量的好坏。体育教学设施主要有两类:一类是常规性设施,如课桌椅、实验仪器、图书馆、多媒体教室等;另一类是体育器材设备,如体操垫、篮球、足球、羽毛球、健身器材等。这些都是体育教学活动必需的基本设施,是开展体育教学活动的必备条件,对完成体育教学活动的任务起着重要的作用。

(3)体育教学的自然环境。自然环境是指人类生存和发展所依赖的各种自然条件的总和,是人类难以改变的自然因素,如地理位置、气候特征等,它从总体上规定了学校的环境面貌。与其他教学不一样,体育教学大都在室外进行,且学生要从事一定的身体活动,因此自然环境对体育教学的影响很大。体育教学的自然环境主要包括校园内和学校周边的地形、森林、湖泊、草地、沙漠以及阳光、空气、雨雪、温度、声音等。体育教学的自然环境复杂多变,因此在教学中教师只能因地制宜、扬长避短,从实际出发,合理充分地开发利用体育自然环境。

2.心理环境分析

体育教学的心理环境由学校内部的社会、心理因素构成,它是体育教学中无形的、动态的软环境部分,对师生的心理活动和社会行为乃至整个学校的教育、教学活动都有着不容忽视的潜在影响力。体育教学的心理环境和物质环境共同构成了学校体育教学环境的整体,其中心理环境一般包括校风与班风、学校体育传统与风气、体育课堂教学氛围、体育教学中的人际关系。

(1)校风。校风即一个学校内部所形成的社会风气,它是学校的一种集体行为风尚,是学校全体师生经过长期的努力形成的,是一种无形的环境因素,具有一种巨大的教育力量。它与学校的教风、学风、班风及领导作风等都有着密切的关系。校风是构成一所学校心理环境的核心,其决定着学校的现状以及将来可能发生的变化。积极的校风能催人奋发向上,激发师生的积极性和自觉性,使师生齐心协力地完成教学任务,达到预期的教学目标;消极的校风会使学校缺乏凝聚力,教学活动秩序混乱,师生情绪低落,难以形成工作与学习上集体的合力,最终导致教师和学生不能顺利地完成学习教学任务。

(2)班风。班风是一个班级所有成员在交往中形成的一种共同心理倾向,是校风形成的基础。班风塑造了学生的态度和价值观,又影响班级活动的开展。良好的班风可以形成一种约束力,激励班级的每个成员。良好的班风主要是指尊师爱友、勤奋学习、关心集体、讲究卫生等风气,这些良好的风气使学生在良好的氛围中与他人交往,并能激发学生学习的热情,使人积极向上。

(3)学校体育的传统与风气。学校体育的传统与风气是指一个学校在体育方面养成并流行的具有普遍性、重复出现和相对稳定的一种集体行为风尚，它是校风的有机组成部分。良好的学校体育传统与风气对学生起着非常积极的作用，对学生产生潜移默化的影响，使学生形成正确的体育态度、兴趣、爱好并养成锻炼身体的良好习惯，对提高学生的体育文化修养等方面都起着非常重要的作用。建设好一个学校的体育传统与风气，是一项长期并艰巨的任务，不仅需要学校的正确指导方针和方法，还需要教师精心的设计和管理。

（4）体育课堂教学氛围。体育课堂教学氛围是指班集体在体育课堂教学过程中形成的一种情绪、情感状态，它包括师生的心境、态度、师生之间的关系等。体育课堂教学过程实际上是一个师生情感交流的过程。在体育教学活动中，教学氛围对能否顺利完成教学任务，达到体育教学目标具有十分重要的意义。积极的课堂教学氛围有利于促进师生之间的情感交流和信息传递，有利于教师及时掌握学生的学习情况，在教学反馈信息的基础上不断调整教学，最大限度地引发和调动学生学习的积极性和自觉性，帮助学生树立克服困难的勇气和信心，使教师在教学中取得理想的教学效果。

（5）体育教学中的人际关系。人际关系是指人们在社会交往中所形成的人与人之间的心理关系。体育教学中的人际关系就是学校师生之间为了达成各种预定的体育教学目标，在体育教学活动中通过语言、思想、感情和行为而形成的各种心理关系。这种人际关系包括两方面：一是体育教师与学生之间的关系；二是学生与学生之间的关系。这些人际关系从不同方面影响着体育教学活动的开展，因此，人际关系可以说是体育教学中的人际环境。

四、体育教学环境的优化与调控

体育教学环境是一个由多种要素构成的复杂的整体系统，它在体育教学过程中对学生学习过程中的认知、情感和行为产生着潜在的影响，对体育教学活动的进程和效果施加着系统的干预。师生之间与体育设施及活动场所都存在着密切的联系，体育教学环境中的各种物质的、心理的因素都时刻影响着体育教学的效果。可以说,体育教学环境的优劣在某种程度上决定着体育教学活动的成效。为了最大限度地发挥体育教学环境的正向功能和降低其负向功能,实现体育教学环境的最优化,就必须对体育教学环境进行必要的调节控制。

(一)优化调控体育教学环境的两大要求

所谓调控优化,主要是依据某些特定的要求,对体育教学环境的各种因素进行必要的选择、组合、控制和改善,取其精华,去其糟粕,实现体育教学环境的最佳状态,使体育教学环境有利于学生身心的健康发展和体育教学活动的顺利进行。要调控优化学校体育教学环境必须从教学物质环境和心理环境的要求着手。

1. 物质环境的调控优化的要求

体育教学场所包括体育馆和各种体育场地,以及这些场地周围的环境,如阳光、空气、树木、草坪等。体育场馆的布置与建设不仅要考虑学校的整体布局,还要考虑场馆的位置、方向、通风、颜色、温度及建筑材料等必须符合运动条件和学生身心的特点及安全、卫生与审美的要求。体育教学场所还是整个学校校园环境的重要组成部分,是整个学校最显眼最有吸引力的地方,因此,对体育教学场所的调控意义重大,不仅可以使体育教学更加人性化,还能提高整个学校环境的文化内涵。体育教学设施是开展体育活动的必备条件,对完成体育教学任务起着重要的作用。学校要重视体育教学自然环境的调控优化,有计划地建造风雨操场、室内体育馆,以减少风雨、强烈阳光等对体育课及学生身体的影响。要增强环保意识,在体育场地旁多种植花草树木,改善空气质量,过滤有害物质,减少大气污染,降低噪音,为师生创造一个良好的锻炼身体的自然环境。

2. 心理环境的调控优化的要求

校风班风作为一种无形的力量,约束和影响着班级的每个成员。它塑造了学生的态度和价值观,又影响他们在教室里的学习活动。这种心理气氛是影响整个学校群体生活的规范力量,是一种具有心理制约作用的行为风尚。所以,学校对校风班风的调控意义非凡,学校要形成良好的校风班风必须靠全体师生的共同努力,要经过长期的群体规范、内聚力等无形的力量才能聚成。要调控优化学校体育传统与风气也是一项长期而艰巨的任务。因为学校体育传统风气与校风班风一样，都是一个学校全体成员的集体规范意识和集体风尚，必须经过长期而系统的工作，依靠群体的共同努力形成的行为规范和体育意识。学校要重视这些风气的培养，因为这些传统与风气一旦形成，便会成为约束学生体育行为的无形力量，在整个学生群体中起到积极的心理控制作用。体育教学课堂气氛对能否顺利完成体育教学任务具有重要的意义，所以必须抓好对体育教学课堂气氛的调控。调控的结果应该是使师生之间形成一种良好的情感交流氛围，彼此和谐融洽、民主平等，这样才能让学生在愉快积极的情感状态中学习，才有利于体育教学信息的传递，使学生的学习效率得到提高，使体育教学活动得以顺利进行。

(二)优化调控体育教学环境遵循的原则

1. 教育原则

体育教学环境是体育教学的载体，是培养人的场所，环境中的各种因素都可能对学生产生潜移默化的影响。所以，必须对体育教学环境有足够的重视，任何场馆的建设、装饰、布局都要考虑是否有利于学生的身心发展、是否有利于体育教学的顺利进行。这里的教育性原则主要是指体育教学环境的一切设计都必须为学生的发展和体育教学服务，要能启迪学生的思想，陶冶学生的情操，激励学生奋发向上，必须发挥各种环境因素的教育意义。

2. 实用原则

体育教学环境的设计、建设和优化应当根据学校的实际情况和经济条件，本着经济、实用、有效的原则进行。体育各类场馆、场地的建设不是为了追求豪华的设施和排场，其目的是更好地服务于体育教学和学生的身心发展。因此，体育教学环境的建设要从学校的具体情况出发，根据学校的实际经济能力和体育教学的需要去建设必需的体育教学场所。

3. 科学原则

所谓科学性原则，就是要求体育教学环境的建设和美好等要符合学生身心发展的特点和体育教学规律，要遵循生理学、心理学、教育学、学校建筑学、学校卫生学、教育社会学、教育美学、学校德育的基本原理,要通过科学的调控优化,使体育教学环境真正实现人性化,真正成为科学和艺术的统一体,并服务于大众。

(三)优化调控体育教学环境的方法

1.整体协调方法

这一方法是指在体育教学环境的调控过程中,学校的教职工都要从整体出发,要有全局观念,秉着整体利益高于一切的原则,先从整体上对体育教学环境的各个方面进行规划调整,有必要时对局部进行调整,最后把各种环境因素有机地协调为一个整体。这个调整过程可能有点复杂,因为构成体育教学环境的因素很多。

在具体的操作过程中,人们要考虑到体育教学环境的特点,把各类体育场馆、运动场地、设施与学校的其他教学设施、校园绿化、各类装饰结合起来,建立良好的师生关系、形成积极向上的校风班风以及优良的学校体育传统风气。将各种体育环境因素产生的影响协调统一起来,使它们向着促进学生身心健康和提高体育教学质量的方向发展,最终服务于学生和体育教学。

2.利用自身优势方法

这一方法是指在体育教学环境的调控优化过程中,要充分利用学校现有的环境条件,为体育教学活动的开展创造一个良好的环境。不同地区、不同学校在环境条件上是有差异的,每个学校在环境上都有自身的特点和优势,学校应该结合现有的环境,充分发挥自身的优势特点,这不仅能节约建设新环境的成本,还能改善整个学校的教学环境,给体育教学环境的建设带来新的突破。例如,学校可以根据山地优势,在校园内设立越野跑、登高跑;北方学校可以在冬季建立临时的滑冰场等。每个学校只要充分挖掘,都有自身环境条件的潜力和优势,学校要重视对这一优势条件的开发。

3.培养学生自控能力方法

这一方法是指体育教师不仅自己要重视调节控制体育教学环境,而且要重视学生在调节控制体育教学环境方面的作用,培养学生自控自理环境的能力,使学生自己学会控制和管理体育教学环境。在体育教学过程中,学生是受教育者,学生和教师一样都是体育教学环境的主人,学生在体育教学环境的改善和建设中往往发挥着很重要的作用,要创建良好的体育教学环境肯定离不开学生的参与、支持和合作。学生是教学的主要对象,学校各类场馆的建设或是各类教学环境都是为学生的身心发展服务的。比如,良好的学风班风的建设、校园的绿化美化、教室的装饰与布置、各类场馆场地的维护以及学校纪律与秩序的维护等,都与学生紧密地联系在一起。为此,体育教师要调动学生参与体育教学环境建设的主动性和积极性,培养他们对体育教学环境的责任感,提高他们控制环境和管理环境的能力。只有把师生联合起来,共同创建良好的体育教学环境,共同维护体育教学各类场馆设施,共同发扬优良的体育传统和风气,体育教学环境才能在师生的共同努力下变得越来越和谐,越来越美好,这样不仅能发挥学生建设环境的主动作用,还能提高学生的综合素质。

(四)优化调控体育教学环境的措施

1.优化物质环境的措施

(1)合理运用环境心理学,绿化校园和运动区。校园绿化设计应充分利用人的视觉、听觉、嗅觉、触觉形成具有特色的校园园林景观,直观地反映学校的文化内涵和办学特色。如运动角、体育标语、体育雕塑、运动服装等都有助于形成积极的校园体育文化氛围,无论是体育新闻广播,还是虫鸣鸟语、竹韵松涛都能使人引起无限的遐想;富有季节变化的绿色植物造景都能陶冶师生道德情操;具有不同质感的草坪、碎石、土路、蹬道等都可唤起师生的情感反应。在教学区周围,为满足学生课间休息的需要,应配置供活动的空地和运动设施。在运动区,运动场与教室、图书馆之间应有常绿与落叶乔木混交林带,以防运动场噪声影响学生学习。运动场四周应栽种高大乔木,下层配置耐阴灌木,形成一定的绿化层次和密度,使林木的绿荫能有效遮挡夏天的直射光线。在运动场西北面可设置常绿树墙,用来阻挡寒风袭击。

(2)积极改善体育场地设施条件,充分提高其利用率。体育场馆的设施除考虑学校整体布局外,其位置、采光、通风、颜色、规格、质地都应符合学生的身心特点和健康卫生、安全、审美等要求。对于经济落后或经费不足的地区和学校,可根据本校实际情况,采用"土法上马",就地取材,做到"一器多用",尽量满足学生教学活动的需要。不同地域也应按其特色,开发利用丰富多彩的课程资源和制作个性化教学器材。教学场地器材的设计应科学合理,提高其利用率,保证课堂的练习程度和生理负荷。

(3)实现良好的信息传导。各种形式的奥运、亚运知识讲座,锻炼方法,心理辅导等都有利于学生形成正确的体育学习观,树立终身体育的意识、促进身心健康和谐发展。可以根据学生情况和信息交流特点,利用课堂上不同队形的长处,灵活地加以运用,以发挥信息创导的高效性。

(4)注意安全卫生健康。安全卫生健康要求在体育教学环境的设计和布置中体现安全第一和卫生洁净的要求,杜绝对学生身体的伤害和对健康的不利影响,主要表现在两方面:第一,要经常对场馆、设施和器材的安全检查,不可存在安全隐患;第二,队形的编排、变换和调动等教学组织时,必须注意学生安全。

体育教学场所的卫生问题引起高度重视。在尘土飞扬的操场上踢球,在肮脏的体操垫上练习技巧,无异于摧残生命。

2.优化社会心理环境的措施

(1)加强体育教职研组建设,落实体育课堂教学和班级体育锻炼制度,促进优良体育教风、学风、班风的形成。体育教研组的建设是优化体育教学环境的关键环节,它对学校体育制度的贯彻、课堂教学质量的提高、体育教师的专业成长以及班级体育锻炼的落实都起到桥梁纽带作用。一个团结、和谐、向上的体育组,往往会使学校体育工作富有活力和成效。在努力提高实践课教学法质量的基础上,克服理论课教学这一薄弱环节,协助班主任加强班级体育锻炼的组织和管理,促进学校优良体育教风、学风和班风的形成。

（2）积极地用爱去感化学生，为营造一个优良体育教学情感环境创造条件。爱是师生相互认同、相互尊重的基础。在课堂上，教师应展示出一种健康、机智、幽默、善解人意的形象，消除学生在学习中紧张感、压抑感和焦虑感。可以设计一些教学情景，转变教师的角色，改变以往教师高高在上的形象，鼓励学生大胆质疑、大胆求异，创造一种民主、自由、平等的体育课堂教学氛围。在课外，可组织一些活动，如游戏、小型比赛、专题讲座、家长会，努力为营造一个体育教学必需的情感氛围创造条件。

（3）提高校领导和教师的学习体育法律素质，加强法律宣传，健全体育法律法规执行监督机制，提高学校领导和体育教师的法律法规素质。树立"依法行政"和"依法治体"的观念，充分运用各种渠道和方式方法，在师生和家长中进行有关法律法规知识宣传，设立专门的行政组织机构进行监督管理，从而使学校体育工作尤其是体育教学工作落到实处。同时，学校应加大对学校体育经费的投入，完善体育教学的设施条件，为贯彻执行学校体育法律法规提供根本物质保证。

此外，体育教师应加强体育课堂教学管理，建立正确的舆论与规范，善于处理体育突发事件及充分发挥榜样和典型的作用，从整体上建设一个良好的体育教学环境。

第五章　高校体育课程体系构建

体育课程体系不是固定不变的,它是随着社会对人的身心发展要求的变化而不断发展变化的,在不同的社会发展阶段,具有不同的特点。

第一节　体育课程与课程改革

体育课程在不同的时代背景下有着不同的内涵,在新时期亦有符合当前社会价值观的解读。

一、体育课程的内涵

按照课程的含义,体育课程的内涵应该包括以下五点。

(1)体育课程目标;

(2)体育课程内容;

(3)体育课程时限;

(4)体育课;

(5)课外体育活动和课余体育训练。

总之,凡是被纳入学校教学计划的、体育方面的、有目的、有计划、有组织的活动都应该被包括在体育课程之中。体育课程不是一门学科的课程,而是全面教育中一个方面的综合课程,具有特殊性,其特殊性表现在以下方面。

(一)目的、任务的特殊性

学校体育课程不像其他课程只承担某一个学科的目的和任务,而是承担着全面教育(包括德、智、体、美、劳)的一个重要方面。因此,体育的目的和任务表明,它不仅是传授知识的课程,更是一种"育人"的课程。

(二)科学基础的综合性

我国教育家把学校课程分为学科和术科,认为劳动科目(即术科或行动)是基本的科目。体育科目和劳动科目相似,都是以"行动"为主的,并且都以众多其他学科为基础,而不是以某一门学科为基础的。从课程的类型上来看,它属于综合课程;从其作用上来看,它的显露课程与隐蔽课程的相互影响尤为明显。

(三)教学时空的开放性和延伸性

从当代学校的课程设置来看,各级学校教学计划中都有体育课程,它是各年级连续开设的、唯一的教学科目,有的还明确规定课外体育活动的时数。从空间上来说,体育课程不限于校内,还延伸到校外,例如为参加有关的运动会或比赛所做的准备。

总的来说,学校体育课程是以发展学生体能、促进学生身心健康为主的一种特殊的教育性课程,它与德育课程、智育课程、美育课程、劳动教育课程相配合,共同促进学生身心全面发展,是整个学校教育中一个方面的综合性课程。

(四)对促进智力与非智力因素的特定作用

智力一般是指人认识客观事物并运用知识解决实际问题的能力。智力因素包括对事物的记忆力、想象力、观察力、实践能力,非智力因素主要包括兴趣、动机、意志、自信心等。智力是认识能力的总体,它的发展依靠它的物质基础——大脑的发育程度。体育课程本身就包含智力教学的因素,学生在完成体育学习任务时需要技能活动和脑力活动的有机结合。由于运动技术复杂多样,就需要有敏锐的观察力、敏捷的反应力、准确的判断力,并有吃苦耐劳和协作的精神,这种能力的塑造是提供高智能的良好条件。因此,我们应积极提倡"独立练习""自主练习",培养学生的想象力,激发学生的思维能力。

非智力因素是依靠人的实践活动而成熟的,它对认识过程起着始动、定向、引导、维持和强化的作用。而其中,体育对人的非智力因素的培养极为重要。从长远的眼光看,培养智力和非智力因素两者全面发展的人,符合我们实现现代化对人才的需要。

1.体育课程对兴趣的培养

体育运动可以培养学生的直接兴趣和间接兴趣。在培养智力方面,兴趣是最好的动力。体育游戏是体育课程中的一个重要内容,是学生普遍喜爱的体育活动,它具有一定的情节和竞技因素,富有思想性、生活性、直观性和趣味性,也是体育课程的重要辅助手段。在游戏过程中,不仅能发展学生的想象力、记忆力、判断力、创造力,使其思想更活跃,还可使学生的各种感观(视觉、听觉、触觉、时空感、方位感、运动感和平衡感)和运动器官更加敏捷发达,认识能力、接受能力以及解决问题的能力得到增强,从而更好地促进智力的发展。

2.体育课程对意志的培养

体育课程是集知识、技能、素质、能力、道德与意志品质为一体的教育过程,它不仅需要良好的情绪和意志品质,同时也能使之得到有效的培养。学生的情绪和意志伴随着整个体育课程,关系现代人才全面培养的效果。健康的意志对非智力因素的发展有着巨大的推动作用,而体育本身就是人为地设置一些困难和障碍,使人们在克服和战胜各种内部(生理、心理)困难和外部(环境)困难的过程中培养顽强的意志、坚韧不拔的精神和战胜困难的勇气。另外,体育竞赛具有激烈对抗和胜负不稳定的特点,这也能培养学生敢于拼搏、锲而不舍的进取精神。

3.体育课程对动机的引导

社会上对体育运动有一种"四肢发达、头脑简单"的误解。其实,体育是集生理学、心理学和社会学为一体的综合学科。

体育课程内容具有艺术魅力,有情、理、趣等要素。施教者要体态优美、仪表端庄;讲解要形象生动、饶有风趣;示范要轻巧优美、准确娴熟;教学要新颖多样、丰富多彩,并利用爱美之心、人皆有之的心理,激发学生锻炼的兴趣和热情。对怎样培养学生的长期兴趣,培养持之以恒的精神,教师要正确教育,正确引导。例如,有些学生在艰苦的环境中能刻苦学习,是因为有一种动力促使他们学习,他们明白学好文化知识能改变自身命运,建设国家,能找到个人在社会中的生存价值。

4.体育课程对性格的培养

性格是为人处世的综合行为,有些性格是后天形成的,有些是先天遗传的,而体育运动可以使自我意识不断发展并趋于稳定,从而实现自我完善,形成某些积极的性格特质。此外,通过体育活动的人际交往和体育实践中的磨炼,还可拓宽视野、增长才智,帮助人们树立正确的世界观、人生观、价值观。

二、体育课程改革的内涵

体育课程改革是一个对体育课程进行再设计的过程,它应当是学校(计划的主体)根据法令和教学大纲等目标(计划的目标),根据地区和学校的实际情况以及学生的身心发展特性(计划的思想),将学科教育内容(计划的内容)与学年教授课时数进行相应分配(计划的方法)的总体计划。

既然把教育课程看作一种总体计划,那么,从课程依据的确定到课程计划的完成就是一项复杂的系统工程,它不可能单独由某一部门来完成。在制定课程的过程中,上至中央以及各级地方教育行政部门,下至具体的学校和教师均参与了这项工作。如今我国课程改革的力度加大,发展迅速,地方教育行政部门、基层学校和教师研究的课程理论、研制的课程方案符合教育改革实际需要。

第二节　高校体育课程的资源开发与利用

高校体育课程资源的开发利用主要是为高校体育教育服务的,因此其作用主要包括促进体育课程目标达成、促进学生发展以及促进教师素质的提高。在这三大主要作用的基础上,体育课程资源的开发与利用形成了具有学科特色的开发与利用原则和内容。

一、体育课程资源开发与利用的作用

(一)促进体育课程目标达成

体育课程资源的开发和利用有利于打破传统单一的课程观念,确立与社会化终身体育活动相适应的课程观念,促进体育新课程目标的实施。体育课程资源的开发与利用为体育课程目标的实现提供了资源保证;为体育课程知识、过程与方法、情感与态度多层面标准的实现提供了可能性;为学生探究性、开放式、合作式学习提供了支持系统;为在家庭、社区、社会范围内开发新的体育活动资源提供了途径、方法和范例;有助于唤起人们的课程资源意识,提高人们对体育的认识,发挥社会体育场所和设施的作用;有利于拓宽学校体育教育的范围,加强学校体育在教育内容层面上与社会各个系统的联系;有利于学校体育教育树立"大教育"的观念,确立学校体育教育与终身体育的关系;有利于探寻校内外体育教育结合的途径,为真正建立社会化终身体育提供必要的观念性准备。

(二)更好地促进学生的发展

体育课程资源的开发与利用将更好地促进学生的成长。体育课程资源的开发与利用不仅将极大地拓展现有的体育课程教育内容,还将直接导致体育课程方法的变革。新的体育课程资源的引入会带动体育课程手段、教学组织形式等方面的变革;体育课程资源的丰富,有利于推动现行体育课堂教学的改革,学生的主体性会极大地提高,学生的实践能力、学习兴趣、创新能力等将有全新的发展,能充分发挥学生的主观能动性;体育课程资源的多元化也有助于引发学生探究与创造的兴趣。资源的开放性和信息的共享特征,使教师与学生之间的关系不再是传统的主动与被动的关系,有助于教育中民主、平等意识和观念的确立,使教学过程演变成一种平等的、合作或协作式的互动,为学生创造性和探究性意识的培养提供条件和基础。

(三)促进体育教师素质的提高

体育课程资源的开发和利用对体育教师的教学视野、教学水平起到了极大的促进、推动,甚至是挑战的作用。体育课程资源的开发和利用在很大程度上引入了学生需要、学生实践等内容,可以最大限度地满足青少年的多方面需求,促进青少年人格、个性、身体、心理、社会适应的健康完善,这也必将使体育教师在教学中的指导性地位更加突出,从而要求体育教师必须不断进行学习。体育教师不仅要学习体育课程理念,领会新课标精神,还要能在教学工作中实践新课标;不仅要掌握运动技能,还要钻研针对运动技能应采用何种教学技能;不仅要了解多种运动项目的性质特点,还要能创造性改编、创造运动方法。通过这一系列的学习和实践,体育教师的素质必然会不断提高。

二、体育课程资源开发与利用的原则

(一)教育性原则

教育性是所有课程最基本的原则。体育课程在全面贯彻《基础教育课程改革纲要(试行)》的学生培养目标方面,具有其他学科不可替代的作用,特别是体育课程能够培养学生的集体主义观念、团结协作意识、公平竞争意识和规则意识,使其具备坚强的意志品质等方面具有独特的作用。因此,开发与利用体育课程资源要突出资源的教育性,以便更好地发挥体育课程在培养全面人才方面的作用。

(二)健康性原则

新课标下,体育课程的指导思想是"健康第一",整个课程的设计是根据身体、心理、社会适应的整体健康观来进行的,健康是课程的主线。因此在开发与利用体育课程资源时,既要充分考虑开发与利用的课程资源对学生身体健康的作用,还要思考课程资源对学生心理健康、社会适应的作用。同时,安全问题也是开发与利用体育资源必须认真考虑的内容。

(三)兴趣性原则

体育课程的重要理念之一是"激发和保持学生的运动兴趣"。兴趣是学习的初始动机,是有效学习的保证,学生的兴趣直接影响着学生的学习行为和效果。因此,开发与利用体育课程资源要认真研究学生的年龄、生理、心理特点以及学生的爱好、特长、接受能力等,在实施过程中师生要合作互助,努力营造轻松愉快、和谐的课堂教学气氛,保证学生学习方法的多样化,使评价方法更有利于学生体验到学习进步的快乐,促进学生学习并保持良好的学习兴趣。

(四)发展性原则

体育课程资源开发与利用的发展性原则,就是要能促进学生各种能力的发展。保证开发和利用的资源能注重对学生的体育实践能力、一般运动技能和身体活动能力、创新能力等的培养。

三、体育课程资源开发与利用的内容

(一)人力资源的开发和利用

开发和利用校内领导、班主任、体育教师、卫生老师、任课教师、学生、家长以及校外教练、社会体育爱好者的自身优势和体育特长,创设平台,引导他们参与学校体育活动。

(二)体育设施的开发和利用

在课题实践中,开发校内外体育设施(如球场、空地、教室、健身馆、走廊、过道等),利用体育器材的特点,发挥其多功能作用,为实现教学目标服务。

1. 常规设施

操场、跑道、篮球架、足球门、单杠、双杠、天梯、滑梯、爬杆、领操台、乒乓球台等。

2. 常用器材

篮球、排球、足球、乒乓球、垒球、实心球、体操垫、体操棒、跨栏架、短绳、橡皮筋、毽子、哑铃、沙包、旗帜、塑料圈等。

3. 自制、代用器材

胶圈、胶棒、纸球、纸棒、纸制器材、饮料瓶、易拉罐、泡沫拼花地板、小木夹、彩带、双色帽、课桌凳、家庭生活用品(如小桶、小凳等)。

(三)课程内容资源的开发和利用

1.改造和创新传统的教学内容

在继承的基础上改造和创新教学内容,从"整体健康"观的角度出发,创造出新的符合学生生理、心理特点的教学内容、要求和方法,使之更好地发挥效能。

2.发掘有地方特色的运动

在课题研究中,将地方特色运动分成两类:一类是前人已有的,而现在被湮没或基本失传却在实践中被发掘、整理使之重现的运动,如滚铁环、打陀螺、拍毽子等;另一类是具有民风、民俗特征的活动内容,如竹竿活动、胶圈活动等,从中筛选出具有典型地方特色并符合学生特点的活动内容,进行教学实践研究。

3.引进流行、时尚的课程内容

现代教育的最大优点就是时代性强。在体育教学中,要根据学生年龄和身心的发展特征引入流行、时尚的课程内容,如定向运动、拓展运动、搏击、柔道、街舞、女子防身术等,以达到提高学生心理健康水平和社会适应能力的目标。

4.自编、自创教材

体育课程的教学内容具有较大的不确切性,既给教师的教学带来了一定的困难,也给了教师广阔的创新空间。在课题研究中,要引导教师从学生身心特点、场地器材、教学实际出发,自编、自创教材,创造性地实践新课程。例如,在实践中进行体育故事、谜语、游戏、小器材的自编、自创等。

5.开发来自学生生活的课程内容

体育课程要以学生的发展为中心,强调学生的主体地位。选择和处理教材内容不仅是教师的事情,也是学生的事情,学生才是学习的主体,他们的"动"与"不动"是课堂的核心。从学生生活中开发课程内容,可以在教学内容的版块中给学生以发挥、畅想的空间。

(四)课外和校外体育资源的开发和利用

校外体育资源包括爬山、打球、亲子活动、社区竞赛、青少年活动中心培训、体育俱乐部活动、兴趣班活动以及各种节假日的体育活动和竞赛等。在课题实践中,要善于开发和利用以上载体,为体育教育、教学和课程改革提供支持,不断完善"以校为本"的体育课程资源开发和利用机制,并辐射周边社区和家庭,实现学校自身体育教育、教学和课程改革与发展的良性循环。

(五)自然地理资源的开发和利用

我国幅员辽阔,地域宽广,气象万千,地形、地貌千姿百态,蕴藏着丰富的课程资源,应重视开发和利用这些资源。例如,可开展春秋游、远足、爬山、散步、定向徒步、无线电测向运动、自行车慢骑、日光浴、游泳、打雪仗、滚雪球、堆雪人等课程活动。

(六)体育信息资源的开发和利用

在当今社会,教师要充分利用各种信息资源获取体育信息,不断充实和更新课程内容,提升专业素养。体育信息资源的开发和利用可以以校内广播、黑板报、挂图、比赛、体育小报、体育作文等为载体,增强体育校园文化的建设;在课题实践中,引导学生主动通过广播、电视、网络等各种信息媒体途径获取体育信息,使学生懂得如何获取、整理、筛选、利用信息,并使其树立终身体育的理念。

第三节　高校体育课程目标分析

课程目标是教育目的和培养目标在教育过程中的具体化,是从课程的角度规定的人才培养的具体规格和质量要求,是指导整个课程研制的准则,也制约着教学结构、实施、评价等环节。

一、高校体育课程目标的内涵和外延

体育课程目标有总目标和体育学科课程目标,课程总目标依据体育教育内容的特点和学生阶段性心理发展需求而确定,主要是对课程计划、教材编写、教学目标、教学原则起指导作用,是体育课程研制的指南、教材编写的依据,规定了体育课程实施和评价应达到的最低标准。

在我国以前的体育课程大纲、体育教科书以及教学参考书中,教育目的、教学要求、教学任务、教学目标,这些术语概念几乎是通用的,而且使用率极高。但是,关于体育课程目标的术语概念,却从来没有使用过。随着我国课程教学改革的深入发展和体育理论研究的综合化与细分化的并进,特别是课程论学科的兴起,新一轮课程改革制定的各科课程文件,都把"课程目标"作为独立的一部分来规定。为了更好地探讨体育课程的改革,我们有必要把这些相关术语概念重新加以框定。为了界定课程目标和其他若干相关概念的区别和联系,首先要界定课程目标,并厘清课程目标的本质和内涵。

课程目标是一门学科的核心,它是通过具体的教学活动使学生发生不同性质和程度的各种变化结果。这里所说的结果,是指最后达到的成就,并不包括活动过程。课程目标是通过教学活动克服某些困难而一定要实现的要求。体育课程目标就是利用各种手段和方法,通过体育知识和运动技巧的教学活动,使学生的身体和思维产生各种不同类型和不同程度的变化结果。

(一)体育课程目标和教育目的的关系

体育课程目标,是指通过体育课程的施教活动要引起的学生最终的变化结果,是体育学科的总目标。教育目的是指整个教育事业要完成的最终追求,它是一种精神需求,超越具体的教育活动,是对教育事业的最高概括,具有相对的恒定性。目的的概念的内涵具有终极性、原则性、抽象性和理念性;目标概念的内涵则有阶段性、具体性、可操作性和可行性。教育目的是课程目标的最上层概念,课程目标的制定是为了最终实现教育目的服务的。教育目的一般在最高层面上使用,教育目的观决定了学校的课程设计和课程目标。在教学实践中,有时为了强调达致某一种要求的原则性、坚决性和重要性,也使用"教学目的"的概念,但教学目的的概念和教育目的的概念相比,其抽象概括及宽泛的程度是完全不同的。

(二)体育课程目标和体育课程的关系

1.教学任务

教学任务是指教学过程中所有的必要活动,如拟定教学提纲、设计课外作业、进行个别辅导等。课程目标是教学任务确定和安排的指南,教学任务是达成课程目标的手段和方法,是指"做些什么"或"如何去做"。教学任务和课程目标是条件和结果的关系,同一课程目标可通过不同的教学任务而达成。

2.教学内容

课程目标是相对于教学内容而言的。没有课程目标,教学内容就失去了选择的方向,目标和内容既不相同又不可分割。体育课程内容庞杂繁多,对于体育教师而言,选择什么作为教学内容必须有一个尺度,这个尺度就是体育课程目标。教学活动是按教学内容开展的,课程目标是教学内容实施的效果。

3.教学过程

课程目标要指引教学过程,总的课程目标可分解为更细的教学过程,二者密切相关。在课程实施时,教师备课过程中要明确目标、分解目标;在课堂教学过程中要贯穿目标、落实目标,检测目标的达标程度。课程目标和教学过程是统一的。课程目标指引着教学过程,教学过程是课程目标达成的唯一手段,但教学过程不是完全被动的,有其主动性。

总的来说,课程目标的内涵可概括为五个方面:一是具有较短过程的终结性;二是具有多种不同指向的方向性;三是具有激励进取的可行性;四是在达成的道路上具有曲折性;五是在实施的过程中具有可操作性。也就是说,课程目标是阶段性的,可分为不同类别,能指导教学活动,在实施中有各种困难,但也有解决的方法。

二、高校体育课程目标的功能

(一)定向功能

教学活动要达到的结果是受课程目标的指导和制约的。课程目标是教学实践活动的方向标,它在教学过程中起着指示方向、引导轨迹、规定结果的重要作用。教师要根据课程目标确定课时教学目标,又根据课时教学目标设计教学活动和实施教学。课程目标不仅制约着教学系统设计的方向,也决定着教学的具体步骤、方法和组织形式。教学过程受课程目标的指导和支配,并围绕着课程目标而展开,明晰的课程目标能够为教师的"教"及学生的"学"指明方向。

(二)控制功能

课程目标可以帮助教师修正教学的过程。教学活动是在动态中生成的,教师要重视课堂上的变化,通过不断的信息反馈,教师和学生可以根据目标来调节教学活动的偏差。课程目标一经确定,就对教学活动起着控制作用。它作为一种约束力量,把教学人员、行政人员和学生的力量凝聚在一起,使其为实现既定目标而共同奋斗。有了明确的课程目标,教师就可以以此为标准,在教学过程中充分运用提问、讨论、交谈、测验和评改作业等各种反馈方法实施教学。

(三)激励功能

目标作为观念形态的价值意识反映了人的需要,当需要带有清晰而明确的目标和目的意识,并延伸到人的行为领域同行为相联系的时候,则形成动机。因此,课程目标确定以后,可以激发学生的学习积极性和学习动力,学生则会产生要达到目标的强烈渴望。要激发学习者的认知内驱力、自我提高内驱力和附属内驱力,必须让学习者了解预期的学习成果,他们才能明确"成就"的性质,才会进行目标清晰的成就活动,对自己的行为结果作成就归因,并最终取得自我认知的提高和获得赞许的喜悦。课程目标要产生最大的激励效果,就要使制定出来的目标符合学生的需要,使学生认识到通过努力达到目标是有价值的,这样就可以激发学生的动机,激发学生的学习兴趣。

(四)评价功能

教学评价以课程目标为依据,明确的课程目标是进行评价的前提。课程目标作为预先规定的教学结果,是测量、检查、评价教学活动成功与否、是否有效的尺度及标准。教学是一个系统的、由多因素构成并由各个环节连接而成的序列活动,其中测量和评价是教学活动周期的重要一环。

它既要确定预定的课程目标是否实现,又要确定目标达成度,还要获得调整目标的反馈信息,这些都要以既定的目标为尺度。课程目标描述具体的行为表现,能为教学评价提供科学依据。采用全面、具体和可测量的课程目标作为检验学生学习的依据,可以保证测验的效度、信度及测试的难度和区分度。

三、高校体育课程目标定位

高校体育课程的改革必须强调课程目标的核心作用,把课程目标置于课程改革和构建的首要地位。教育部颁发的《全国普通高等学校体育课程教学指导纲要》把体育课程目标划分为基本目标和发展目标两个层次,每一层次包括运动参与、运动技能、身体健康、心理健康和社会适应五个领域的具体目标。此外,课程目标市场始终贯彻"健康"这一主线,身体健康、心理健康和社会适应是整体健康观的三个方面,运动参与和运动技能可以理解为促进个体健康的条件。这一课程目标较好地结合了"终身体育"观和"健康第一"指导思想,使得体育课程目标真正把学生个体的发展和健康放在首要位置。虽然"全面健康"课程目标的提出实现了体育课程目标的多元化,但多功能化的课程目标开发不应违背体育课程强身健体的本质功能。

另外,课程目标体系还存在几方面的不足:课程目标无法体现目标分类的区分性而难以细化,体育课程的学科目标与超学科目标主次不分明,没有反映出现代社会对学生的要求等。从课程论和教育心理学角度来看,有的目标混淆了"技能"与"能力"两个内涵根本不同的概念,且将方法和方法论的目标遗漏,把不是目标的过程当作目标。因此课程目标也存在发展和完善的必要性,为了构建高校体育课程目标体系,有必要弄清这些基本问题。

(一)过程与目标

课程目标指引教学过程,总的课程目标可分解为更细的教学过程,二者密切相关。在课堂教学过程中要贯穿目标,落实目标,检测目标的达标程度,而教学过程是达成课程目标的保障和前提。构建体育课程目标时,要强调过程的重要性,改革课程教学重结论、轻过程的问题。过程与目标是两个根本不同的概念,不能把过程纳入课程目标,更不能以过程代替方法。

(二)知识、技能和能力

知识、技能和能力是三个既有内在联系又相互区别的概念。知识是通过实践、研究、联系或调查获得的关于事物的事实和状态的认识,是对科学、艺术及技术的理解,是人类积累的关于自然和社会的认识与经验的总和。技能是指对知识和动作掌握的熟练程度,技能的学习可分为模仿、学会、熟练等程度不同的发展阶段,达到自动化的高级技能称为"技巧"。按性质来分,技能分为隐性的智力技能和显性的动作技能。能力是指个人完成某种活动所必需的个性心理特征,可分为能够以成就测量的外显能力和尚未表现出来的心智潜能。知识、技能和能力虽然密切相关,但概括的程度不同。知识是对经验的概括,技能是对动作方式的概括,能力是对调节认识活动的心理过程的概括,是较高层次的概括。当然,它们又是相互联系和相互转化的。能力是获得知识和技能的前提,知识和技能是形成能力的基础,三者密切相关,但不是相同层面的内容,不应把它们混为一谈。

(三)方法和方法论目标

科学的方法和方法论是人们认识自然和社会现象的有力武器。方法和方法论多种多样,体育学科也有其独特的方法和方法论。教育部要求学生熟练掌握两项以上健身运动的基本方法和技能,掌握常见运动创伤的处置方法。此处的"方法"是指具体的操作方法,与方法论的"方法"相差甚远。方法和方法论是应被列入课程目标体系的一个层面的目标。

四、高校体育课程目标的来源

确立高校体育课程目标首先要探讨的问题就是课程目标的生成来源,它体现了课程目标的具体价值,是课程目标或课程开发的基点。探讨高校体育课程目标的生成来源,有两个方面的问题需要回答:一是依据什么来确立高校体育课程目标,二是它们在目标的生成来源中的地位及其相互之间的关系。当确立了这一基本出发点以后,又如何处理好它与其他目标来源之间的关系。

课程教育理论普遍认为,课程目标是一定教育哲学思想的反映。课程目标确定的过程是一种运用分析、综合、判断、推理对各大要素进行选择的过程,它有一定的主观倾向性。影响高校体育课程目标的因素是纷繁复杂的,不同社会、不同时代、不同专家、不同学校、不同学生对课程目标都有不同理解,他们会以不同方式作用于高校体育课程目标。例如,关于课程目标的确立依据就有"三依据说""五依据说"等。"三依据说"是指课程目标既受社会生产力发展的制约,又受总体教育目的指引,而学科的基本性质则起决定性的作用;"五依据说"是指确立教学目的的依据有"社会发展进步的需求""教育方针、法规的规定""学生生理、心理的特点""学科自身的性质""教育目标分类理论的应用"五个要素。课程理论研究表明,课程与教学目标的基本来源是学习者的需要、当代社会生活的需求、学科的发展要求。尽管不同的教育价值观对这三个来源的关系存在不同认识,但这三个方面是课程与教学目标的基本来源,在这一点上,人们已取得共识。

(一)学生成长的直接需求

教育是一种有目的、有计划的培养人的社会活动。人是教育最基本的着眼点和出发点,无论在哪个教育阶段,无论是哪种教育类型,无论是哪种课程,满足人自身生存和发展的需要,促进人的自由、全面的发展都是教学活动的中心。因此,学习者自身的需要是高校体育课程目标的基本来源。

学生的需要是相当复杂的。第一,它是不断变化、不断生成、不断发展、不断提升的;第二,它具有年龄阶段性和个体差异性;第三,按照时间的流动来划分的话,它有现实生活的需要和未来生活的需要之分;第四,学习者的大多数需要是本人能够主观、清晰地意识到的,但也有些需要学习者本人不能意识到或不能清晰地意识到,需要教师或其他人的帮助、引导,才能上升为自觉需要;第五,从学生自身的需要来看,学生在成长的过程中不仅有增长知识、提高能力的需要,而且有发展情感、意志、态度、价值观的需要。因此,学生需要的内容也是相当丰富的。

高校体育课程目标关注学生的需要,并不意味着其课程目标要满足不同学生的各种各样的需要,而应从以下三个方面考虑。

(1)从学习内容的维度考虑学生的需要;

(2)从时间的维度考虑学生的需要;

(3)从学生的个体差异考虑学生的需要。

(二)社会发展的实际需要

社会的需要是指社会政治、经济、科技、文化的发展对学校体育提出的要求。学校体育要与德育、智育密切配合,培养全面发展的建设者和接班人。培养有理想、有道德、有文化、有纪律、体魄健壮的社会主义时代新人,这是确定学校体育目标的基本依据。学生作为个体,最终要成为一个社会人而融入特定的社会,学校教育的一个主要任务就是使学生逐渐社会化。社会发展的需要主要是通过个人发展的需求来体现的。满足学生的需要、促进学生的发展与满足社会发展的需要在某种程度上是一致的。

现代社会对人才的要求可以归纳为健壮的体魄、超群的智力、良好的心理素质和团结协作精神。体育课程作为以发展个体自身身体为主要任务的一门学科,在培养具有符合社会需要的身体条件的劳动者方面发挥着重要作用。

五、高校体育课程目标的价值取向

课程与教学目标是一定教育价值观在课程与教学领域的具体化,因此,任何课程与教学目标都有一定的价值取向。高校体育课程目标的基本价值取向,是指人们对高校体育课程目标的总的看法和认识。

学习者的需要、体育课程的特性、社会发展的需要,三者都是生成高校体育课程目标的基本来源,过分强调其中的任一方面,都有可能导致课程本身的发展失衡。如果高校体育课程目标定位在满足学科本身发展的需要、突出学科的特殊功能,则有可能出现课程目标定位过高的情况,使体育课程脱离学生的实际生活,课程内容丧失生活意义。如果高校体育课程目标定位于满足学生的个人生活和社会生活需要,体育课程就有可能让学生牵着鼻子走,有可能架空教育引导和促进学生发展的职能。因此,为使课程本身平稳发展,充分发挥体育课程职能,使高校体育真正成为高校教育课程体系中不可或缺的组成部分,我们有必要权衡三者之间的利弊,并做出一种比较恰当的选择。

(一)以学校体育向社会体育的转化为立足点

高校体育课程的高层次是相对中学体育课程层次而言的,是由高校体育课程处于从学校体育锻炼转向社会体育锻炼的特殊阶段所决定的。

大学体育课程应向生活体育、娱乐体育、体育的文化性方向发展,培养大学生参与运动的兴趣,发展学生自我体育锻炼能力。大学体育应以那些在生活中常接触,在离开学校后还能参与的社会性(大众性)体育项目为主要教授内容。概括地说,大学是进行生活体育和娱乐体育,是高层次体育能力的培养。

因此,高校体育课程目标不应该是基础体育课程目标的简单重复,也不应该是大学体育课程目标的直接移植。从终身体育能力的培养来看,从学校体育向社会体育的转换来看,高校体育课程目标要体现出体育能力的"高层次"。

(二)以协助提升学生的职业能力为追求

高校教育是高校,也是职业教育,具有"职业性"。高校教育培养的是具有全面素质和综合职业能力,能直接从事生产、服务、技术和管理工作的综合型人才。为经济建设培养合格的劳动者,是高校教育的主攻方向;突出专业技能课程,是高校教育的特色;发展和提升能力,是高校教育的中心工作。高校体育要为高校教育服务,不是作为附庸,而是突出应用性、实用性,使体育能力与综合能力协同发展。

良好的身体素质是正常工作和生活的基础。高校学生要想学好专业知识,提升综合能力,离不开良好的身体素质这个基础,而体育课程的首要任务正是发展学生的身体素质。教师应使用体育的形式、手段和方法,最大限度地保证人适应劳动活动所必需的机能,使运动能力得到发展和完善,从而提高职业教学效果和在独立生产劳动中保持良好的工作能力。这种专门化的教育过程即实用性身体训练,实用性身体训练可以充实和完善对学习活动有益的运动技能储备,强化、发展重要的身体能力,保障身体活动水平的稳定性,提高机体对不良劳动环境的耐受力和适应能力,保持和增进未来劳动者的健康。采用根据学习活动特点改造的一般体育运动和竞技运动中的各种身体练习是实用性身体训练的基本手段,这些练习直接决定着具体学习活动的效果。由此可见,高校体育课程具备提升学生综合能力的条件。

第六章　高校体育教学改革策略探究

回顾我国高校体育教学的变革历程，可以明显看到我国高校体育教学受到传统教学观念的制约，采用的教学方法过时且与现代教育观念大相径庭，这导致现代教育理论在实际教学中的应用仍然存在明显的不足。因此需要与时俱进，对体育教学模式进行改革，使高校体育教学焕发新的活力，促进学生全面发展。

第一节　体育教学改革及其动力

在学校体育教育中，必须确立"健康至上"的核心理念，并切实加强体育工作。体育课程应该是学生最喜欢的、压力最小的，并且他们天生好动的特质可以自由展现的科目。但是在体育课程中也出现了与其他文化课程相似的对学习的反感。因此，体育教学改革应该基于实际情况，遇到的任何问题都应该进行相应的改进。

每一次的改革都是受到某种驱动力的驱使，并且都伴随着相应的改革和发展的驱动机制，这一结论同样适用于体育教学的改革。对体育教学改革的驱动力进行深度分析，探索它们之间的作用机制和内在联系，可以帮助我们更准确地理解体育教学改革的目标，并对相关的程序、方法和措施进行有针对性的选择，同时也能确保高校体育教学改革的顺利进行。

一、体育教学改革的内容

(一)改革重复过多的教材内容

从各个阶段的学校体育教材来看，不同阶段的教材内容变化不大，主要由竞技体育项目组成,这些项目的动作技术难度高、专项素质要求高、重复过多。这套教材是为所有学生设计的,但在趣味性、娱乐性、健身性和实用性等方面都存在明显的不足,这使得它难以满足各个层次学生在学习和生活中的多样化需求。因此,在体育教学中必须根据学生的个人需求(包括当前的学习兴趣以及未来的工作和生活需求)来设计内容。我们应该强调健身、娱乐和终身学习的重要性,而不是过分强调竞技。一些与学生未来工作和生活不太相关且不引起学生兴趣的教材内容和时间应被删除或缩短。教研组、任课教师和学生需要共同补充一些学生感兴趣的、具有现代健身特色的体育基础知识、健身方法和项目,并确定具体的教学时间和进度。在体育教学改革的过程中,不应仅仅追求教学内容的多样性、广泛性和全面性,而应更多地选择以激发学生兴趣和促进身体健康为核心的教学内容。这样,每一名学生都能在体育课上真正地投入体育活动,从而在学校阶段掌握一定量的健身知识和技巧,培育出一到两种体育爱好或特长,最终形成终身体育的良好意识和习惯。

(二)改革过于规范化的教学组织管理

多年以来,我国体育教学过分突出统一目标、统一标准和统一行动的规范性和有序性,忽略了学生个性差异。因此在课堂教学的组织和管理方面,应主要侧重自我管理。考虑到学生在体育教学中过去经常受到过度的限制和严格的管理,应该在体育教学中引入"责任教育"的研究,倡导"人本主义"的自我管理理念,帮助学生明确自己的行为职责,为他们提供更多的活动机会和空间,使他们在轻松的教学环境中掌握自我管理和控制的能力。

(三)改革一刀切的体育成绩考核评价

教师常常通过体育成绩来衡量学生的体育能力,但体育成绩的考核仅以《国家体育锻炼标准》为标准,并且达标率被视为评价体育教师能力和学校体育工作的主要准则。为了改变多年来主要依赖单一技能评估和达标成绩的显性评价模式,我们应该更加重视学生在体育教学过程中的基础差异、发展进步和努力程度,同时加强对学生学习锻炼的独立性和创造性的评价。"考"是一种结合考试和测试的方式,它主要是对大纲所规定的基础体育知识和技能进行评估,这些知识和技能占整体考试成绩的50%;"试"的含义是鼓励学生在勇敢地尝试选择性学习后,由教师和体育委员对他们在课堂内外努力自学掌握的体育知识和技能,或者他们自己创造的健身项目、动作和锻炼方法等进行测试和评价,这些测试和评价占考试成绩的50%,以此来促进学生培养良好的健身意识和习惯。

二、体育教学改革的动力

(一)体育教学改革动力机制的内涵

"动力"最初是物理学中的一个术语,后来它被扩展为一种能对物体的运动和发展产生触发和推动作用的力量。在实际的体育教学改革实践中,不只有一个能够起到推动作用的因素,而是多种因素共同作用,最终促成了实际改革的实施。我们可以把那些能为高校体育教学改革提供推动力的因素视为一个整体系统,这些因素在体育教学改革过程中往往会同步发挥作用。

"机制"这个词是从希腊语中的"mechane"这个词发展而来的,其在多个不同的学科和领域中得到了广泛的应用,主要是为了解释其自身运动行为的不同层次和相互关系。在社会科学研究中,机制被视为一种内部的联系和互动方式,它存在于各种事物或现象的每一个环节。

所指的动力机制实际上是功能型机制的一种形式,通常是指能够推动事物发展、运动和变化的各种不同层次的力量,除此之外,还包括这些力量之间的相互联系方式、机制和过程。本质上讲,动力机制指的是存在于动力与事物的运动、事物的发展之间的内在联系。

与其他事物相似,动力机制也被视为一个整体系统,并且这个系统拥有众多的层次、元素和复杂性。动力要素不只是存在于事物和它们之间的普遍联系里,它还涉及事物内部各个组成部分之间的相互依赖和互动。

从结构维度来看,动力机制具有其独特的相互联系方式。

由此可知,体育教学改革的动力机制,即高校体育教学改革的驱动力,是指推动体育教学改革产生和发展的各种不同级别的力量,以及它们之间的相互联系的方式、过程和机制。

(二)体育教学改革的动力因素

根据马克思的唯物主义观点,事物的变化是由多个动力因素共同作用的结果。根据这些动力因素的来源,可以将它们分类为两大类:一是外部动力因素,二是内部动力因素。基于此,可以将那些能为体育教学改革提供推动力的因素分为内部动力和外部动力。

1.体育教学改革的外部动力因素

作为一个系统化的存在,高校在体育教育改革中扮演着核心角色。如果将学校视为一个界限,那么学校内部的系统是存在于这个界限之内的,而学校外部的系统则是存在于这个界限之外的。体育教学改革所依赖的外部驱动力,实际上是那些能够对体育教学改革产生刺激或推进效果的高校外部系统的力量。

(1)政治动力:政治力量的"政策牵引"

在体育教学改革方面,政治力量具有一定的影响力和推动力,这主要是通过"政策牵引"的方式实现的,即通过制定相关的政策和法律文件,充分发挥政府在体育教学改革中的推动和影响作用。目前,我国的体育教育在职能、课程设置、教学方法、师资力量、招生对象与培养目标等多个领域都经历了显著的变革,为国家的经济增长培育了众多的高级应用人才。

(2)经济动力:推动经济的发展与变革

在体育教学改革的背景下,经济增长被视为一个至关重要的外部动力,它有助于推进和加速体育教学改革的实际执行。因此,为了与经济增长保持一致,并为未来的经济发展打下坚实基础,高校必须持续推进体育教学的改革。如果高校始终维持过时的体育课程内容和传统的体育人才培养方式,那么它们将无法适应经济的快速发展和社会需求的变化。这样做不仅会在一定程度上限制社会经济的进步,而且可能妨碍高校的持续存在和成长。因此,经济结构的改革在一定程度上也对高校的专业和学科结构的相应调整产生了积极的推动效果。

(3)科技动力:科技发展进步的驱动

观察人类社会的演变历程可以明确地看到,每一次科技的巨大突破都将不可避免地催生人类社会的显著进步和生产力的深刻变革。科学与技术已经深入我们社会生活的每一个角落,它作为一种驱动力,在某种程度上为社会变革和经济增长注入了强大的动力。

作为一种强大的推动力,科学技术不仅能在一定程度上促进社会和经济的变革与发展,也有助于推动高校在教育和教学方面的改革与进步。与科技的革命性进步相对照,大学的教育和教学活动更多的是一项具有传统特色的任务。当教育和教学达到某一特定模式后,这种模式通常会延续很久。在体育教学改革问题上,科学技术的进步和发展所发挥的推动作用总结起来有以下几种表现。

第一,随着科技的不断进步和发展,传统的体育教学理念也会经历一些变革,这无疑会为其注入新的活力。比如说,随着现代科学技术的持续进步,一个明显的趋势是高度的整合和分化并存。这样的发展趋势在某种程度上对高校体育人才的培养产生了冲击,给他们带来了不小的压力。但同时,这也有助于改变高校体育教育中的传统观念,如专业教育的推进和专业专家的培训,从而逐渐确立基础知识的拓展、通识教育以及文理结合的教育理念。

第二,高校体育课程的内容和专业设置的更新,以及科学技术的不断进步和发展,都能在一定程度上促进这一变革。科学的学科门类构成了高校专业设置的核心理论依据。随着科学和技术的综合进步和分化,伴随着科技革命带来的衍生学科数量的增加,高校体育领域也开始涌现出更多的新专业。特别是那些能够反映科学发展趋势的交叉学科和边缘学科,进一步推动了高校跨学科专业的增长。高校是知识传承和发展的关键场所,科学和技术的存在有助于丰富高校体育课程的教学内容。因此,科技的持续进步和发展无疑将推动高校体育课程内容的持续更新。

第三,当谈到高校体育的教学方法和手段时,科技的持续进步和发展无疑会为其带来积极的推动力。随着现代科技手段和方法被高校所采纳,传统的体育教学工具和方法经历了变革,推动了一个全新且科学的体育教学方式的诞生,并为体育教学技术提供了新的配置方式。比如调查法、实验法、观察法、实习法和比较法等多种现代高校体育教学手段,都是与现代科学教学方法高度匹配的。另外,随着各种科学创新成果如投影仪、幻灯机和计算机等在高校体育课程中的应用,体育教学方法得到了根本性的革新。

第四,科技的不断进步和发展在一定程度上推动了高校体育教学组织方式的变革。高校体育教学的组织方式的转变基于现代科技的不断进步和发展,特别是网络技术和计算机技术的出现和应用。随着科技的不断进步和发展,高校体育教学的组织方式正在逐步转向多样化的教学模式,如计算机网络教学、远程教学、个性化教学和班级教学等,而不再是传统的集中式教学方式,也就是班级授课制度。

(4)文化动力:思想观念更新的引领

通过对政治、经济、科技和文化的深入比较,可以认识到文化与高校之间有着深厚的历史和传统联系。由于文化直观地反映了人们的社会心态、价值观和思维方式,因此与政治、经济和科技对高校产生的影响相比,文化对体育教学的影响显然更为深远和不易察觉。然而,在高校体育教学的实际操作中,人们很难对这种潜在的影响给予足够的关注。所以在分析体育教学改革的驱动因素时,必须给予充分的关注。随着体育教学改革的持续深化,文化的驱动力往往在观念和思维的更新中得到体现,从而在体育教学改革中起到关键作用。换言之,在体育教学改革的过程中,新的思维方式和观念具有一定程度的引导和推动作用,文化因素是推动体育教学改革向前发展的关键动力。此外,在这个议题上,要完全区分这些思想的改革和传播实践是非常困难的,因为这些思潮本质上是一种对指导思想的革命,只有经过实践,人们才能广泛接受这些成果。

(5)竞争动力:校际竞争的压力

随着社会主义市场经济结构逐渐确立,以及高校办学的自主权和规模不断扩大,我国各高校之间的竞争也变得越来越剧烈。在这场激烈的竞争浪潮中,越来越多的学校加入,使得竞争逐步成为一种不可避免的现实现象。与此同时,随着我国高校的国际化步伐持续加快,我国的高校开始展现出越来越广泛的国际竞争和参与态势。对高校来说,无论是在国际层面还是国内层面的竞争,都能有效地推动体育教学改革的持续发展。虽然从根本上看,高校之间的竞争可以被视为一场全面的竞赛,涵盖了学生来源、荣誉、经费和就业等多个方面,但实际上,这些竞争都可以归纳为教育和教学质量的竞争。

在全球和国内的竞争日益加剧的背景下,高校若想提升自己的竞争地位,就必须确立自己的竞争优势,并在教育和教学领域加大投入,特别是在体育教学和人才培养模式的改革上要表现得更为主动。

2.体育教学改革的内部动力因素

体育教学改革的内部动力因素主要指的是高校内部那些能够对体育教学改革产生积极推动和领导作用的核心力量。通常而言,体育教学改革的驱动因素主要包括四个方面。

(1)直接动力:使高校教育教学弊端得到克服的需要

一些学校忽视人文学科而过分重视理工科,忽视综合素质而过分重视专业技能。因此,克服这些弊端成为了直接动力。在多年的持续努力下,这些学校成功地将文化素质教育推向了多元化的方向,而不仅仅是简单的形式。学校从单纯的造势转变为主动参与,从部分试点项目扩展到全面实施,形成了一个科学与人文、高雅与通俗、课堂内外相互补充以及教师与学生之间友好互动的全新教育环境。在提升了本校学生的综合素质的同时,也促进了全国范围内教育和教学水平的全面提升。

（2）根本动力：高校人才培养质量得到提高的需要

解决高校教学中的不足和问题，只是推动或触发体育教学改革的一个直接的内部驱动力。而体育教学改革活动能够顺利进行的内在驱动力，从根本上讲是提高人才培养的质量。

在高校的教育和教学活动中，社会评价和检验其质量的基础准则便是对该校在人才培养质量方面的表现进行全面评估。高校为了提升其人才培养的质量，必须不断更新体育教学观念，更新体育教学内容，改进体育教学方法，并对人才培养模式进行改革。通过深入研究高校的发展轨迹，我们可以明确地认识到，高校改革的终极目标是提高人才培养的整体质量。在我国高校全面发展的背景下，这一目标也得到了充分的体现。

（3）基础动力：改革主体的自我变革推动力

在探讨体育教育教学的内部驱动力时，需要对参与改革的人员进行深入的分析，特别是要研究体育教学改革的主体所扮演的角色。

首先，对于学校的核心管理人员而言，他们的主要职责往往是担任某所大学的校长或其他相应级别的学校领导职务。通过对高校的起源和历史进行深入研究可以了解到，在学校的改革和发展历程中，校长始终肩负着关键的领导职责。通常情况下，校长不仅拥有一定程度的权力和组织权威，还拥有个人的影响力，在学校的教育教学管理、组织结构、人力资源管理以及经费分配等方面具有决策权。因此，在体育教学改革的全过程中，校长扮演着至关重要的角色。他们不仅是体育教学改革的主导者和策划者，还是这一改革的具体执行者。可以断言，如果没有校长的积极参与和推动，实现高校体育教学的成功变革几乎是不可能的。

其次，从教育者的角度看，虽然学校在其发展和变革的旅程中被视为核心单位，但学校的持续进步与众多个体的参与是分不开的。除了先前提及的学校的主要管理人员之外，还包括一直活跃在教育前沿的众多教师，他们是推动教育和教学改革的强大动力。仔细观察教育和教学改革的实际操作，特别是那些真正针对教育问题的改革措施，大多数都是从教师的主动参与和活动中启动的。因此,在推进体育教学改革的过程中,我们应当高度重视教师自我革新所带来的积极影响。在体育教学改革的背景下,如果缺乏教师的积极参与和呼吁,那么这只会变成空洞的口号。

最后,对学生而言,在实际的教育和教学过程中,他们往往被视为改革的协助者或参与方,这导致人们常常忽视学生作为改革的主体所具有的重要力量。事实上,在学校的体育教育过程中,学生不仅是关键的参与者,而且是在体育教育改革中发挥至关重要作用的推进角色。他们对体育教学的当前状况所表达的批评和不满,以及对体育教学改进的建议和意见,都在一定程度上对体育教学改革的实施产生了积极的推动和影响。

(4)保障动力:高校办学自主权的推动

《中华人民共和国高等教育法》明确规定了高校作为一个实体法人应当承担的职责以及七个方面的自主决策权。随着我国高校办学自主权的逐步增强,在法律的鼓励和支持下,我国的高校也更加积极地参与了教育和教学的改革。尽管如此,在我国目前的高等教育实践中,关于办学自主权的议题仍然存在某些短板,这导致高校在体育教学改革中的主动性和热情并未得到完全的体现。在进行教育和教学改革的过程中,高校一直缺乏足够的推动力,这也是我们未来需要全力以赴来解决的问题。

(三)体育教学改革诸动力的内在联系、共同特征和作用机制

1.体育教学改革诸动力的内在联系

(1)体育教学改革的外部动力是发挥内部动力作用的先决条件

体育教育作为一个具体的社会现象,始终是社会生活的一部分。与此同时,体育教育与其他社会现象之间的联系也是非常紧密的。另外,在体育教学领域,外界因素也会对其产生某种程度的影响,这些外部因素主要源自社会系统中的政治、经济和科技等多个方面。

如果没有外界因素的激励、触发和推动,那么由于高校自身存在的"惰性",想要从其内部激发出体育教学改革的积极意愿和动力将会是相当困难的。因此,在体育教学改革的背景下,体育教学改革与外部力量的

推动作用之间有着非常紧密的联系。从根本上说,体育教学改革的外部动力为其内部动力提供了充分的发挥基础。

(2)体育教学改革内外部动力综合作用于高校的体育教学改革

从深层次来看,体育教学的改革实际上是外部与内部动力之间各种不同因素的有机融合。尽管这些因素在力量上存在差异,但必须认识到它们是分散存在的,并会以多种方式转化为体育教学改革的主要驱动力和合力来源。如对话、合作、选择、整合和竞争等,都能为体育教学的进一步改革和发展提供强大的推动力。

2.高校教育教学改革诸动力的共同特征

尽管体育教学改革在形式上的主要驱动力各不相同,但不可忽视的是,在其特性上有一些相似之处。受到这些特性的综合影响,这些驱动力在体育教学改革中起到了关键作用,从而推动了体育教学改革。这些动力所展现的共性包括彼此的相关性、相互补充的特性、分层的特性、动态变化的特性以及整体的特性。

3.体育教学改革诸动力的作用机制

体育教学改革的成功实施,并不仅仅依赖于那些能在体育教学改革过程中起到催化或推进作用的激励因素。体育教学改革的各种驱动力与体育教学改革之间的紧密联系,都离不开有效的作用机制。在当前的体育教学改革实践中,通常存在三种能够有效发挥作用的机制,具体情况如下:

(1)行政机制

体育教学改革的行政机制通常意味着国家行政部门有能力主导体育教学的改革和发展进程。行政部门通常会运用其层级结构来筛选和过滤体育教学改革中的各种外在和内在动力因素。

(2)市场机制

在体育教学改革中,市场机制指市场有能力在整个改革过程中发挥主导作用。市场的运作方式可以对体育教学改革中的各种外部和内部因素产生影响,甚至决定这些因素是否能够作为推动体育教学改革的动力,以及它们是否能够承受市场的挑战。

(3)志愿机制

在体育教学改革中,志愿机制通常意味着学校能够在整个改革进程中发挥关键的领导作用。简而言之,这意味着在确定体育教学改革的方向时,学校需要深入考虑自身面临的体育教学挑战、当前的体育教学状况以及未来的发展目标等多个关键因素。在志愿服务机制的推动下,学校有能力全面评估体育教学改革中的内部和外部影响要素。

第二节　现代信息技术下的教学方法改革

伴随着科技的飞速进步,我们的教学方式也经历了深刻的变革,如基于现代信息技术的多媒体教学、微课、慕课以及翻转课堂等多种教学方法的出现。

一、现代信息技术下的多媒体教学法

(一)多媒体教学的特征

1.多媒体教学的多维性特征

多媒体教学的多维特性,主要是指多媒体教学技术具备的处理、扩展和扩大信息范围的能力,这种多维性功能可以转换、加工、创作输入的信息,从而增强输出信息的表现能力,使显示效果更加丰富。例如,在高校体育课程的实施过程中,运用多媒体系统作为辅助工具,不仅有助于学生更深入地学习文本知识和观察静态图片,还能使学生在多媒体技术的帮助下,清晰地观察和了解体育教师的动作演示,从而提升高校体育教学的整体效果。

2.多媒体教学的集成性特征

多媒体教学的集成特点,主要是指多媒体技术可以将各种不同类型的媒体信息,如声音、文字、图像等,进行有机的同步组合。这进一步推动了多媒体信息的全面输出。除此之外,集成性还涵盖了另一个层面的意义,即用于处理这些多媒体信息的各种工具或设备的整合,包括但不限于视频设备、存储系统、音响设备以及计算机系统的集成。

3. 多媒体教学的交互性特征

多媒体教学中的交互性特点,主要涉及人与人、人与机器、机器与机器之间的互动行为,即人与机器之间的对话能力,或者说使用者与机器之间的沟通能力。这正是多媒体计算机系统与传统的音响、电视等家用电器有所不同的地方。基于实际需求,人们不仅可以选择、管理和检索多媒体系统,还可以参与多媒体信息的播放和多媒体节目的组织工作。

4. 多媒体教学的数字化特征

多媒体教学的数字化特征,主要是指在多媒体计算机系统中,各种不同的媒体信息都是以数字形式存储在计算机中,并进行处理。多媒体技术是在进行数字化处理的基础上构建起来的,如通过矢量存储和处理的图像、通过点阵存储和处理的图像,以及通过数字编码存储和处理的音频和视频。

(二)多媒体教学在高校体育教学中的应用优势

多媒体教学结合了文字、图形以及动画、音频和视频的形式,为体育课程的教学内容提供了立体的展示条件。这种教学方式以其丰富、多样和灵活的表现手法,充分展现了其独有的教学优势。

1. 多媒体教学使高校体育教学观念得到更新

传统的高校体育教学模式主要以教师的教学为核心,但通过在高校体育教学中引入多媒体技术,这种教学方式有望得到根本性的变革。在体育教学中,教师能运用先进的信息化多媒体教学工具,并在与学生的互动互动中与他们进行深入交流。这样不仅展示了体育多媒体教学的核心思想,还成功地激发了学生参与体育活动的意识,体现了以学生学习为中心的教育理念。这种做法能显著推动高校体育教学方式的实际应用和多元化改革,从而改变学生在体育知识和技能学习方面的思维模式和方法。

2.多媒体教学使高校体育教学的质量得到提高

在传统的体育教学活动中,教师主要采用讲授的方式,但受到主观和客观条件的限制,很难实现完全规范和标准的技术动作示范。此外,在较短的时间内,学生也很难形成正确的动作概念。多媒体在高校体育课程中的应用则改变了这些教学现状。通过文字和图片的结合,体育课程中的抽象概念变得更为具体和形象。利用计算机技术,我们可以模拟并展示一些高难度的体育技术动作。在解释和展示那些速度快且结构复杂的技术动作时,所获得的成果会变得尤为突出。有了多媒体技术的辅助,通过缓慢的动作,学生能够对这些动作有更为明确的认知,这有助于体育相关概念的建立和动作技巧的掌握,从而显著提升了高校体育教学的效果和效率。

3.多媒体教学使学生的体育学习效果得到提高

多媒体技术给人们的视觉、听觉等多个感官系统提供了极大的刺激,进一步促进了大脑各功能区的交互活动,使得体育教学内容更加生动和形象,同时也增加了高校体育活动的趣味性和直观性,使学生更容易理解体育技术动作。多媒体技术综合运用了字体、色彩、图表、音乐和动画等多种表达方式,实现了"声图并茂"和"生动活泼"的效果,从而增强了高校体育教学内容的艺术表现力和感染力,使得课堂氛围变得更加活跃。尤其在多媒体高校的体育教学中,肢体的和谐美、力量美和技艺美得到了体现,这使得高校学生能够真正理解体育的功效和个性的社会价值,激发了他们的求知欲和体育学习的热情,从而有效地提高了体育学习的兴趣和体育课堂教学的质量。

(三)多媒体教学的课件设计

1.体育多媒体课件内容的组织

当对大学的体育教学内容进行细致的策划和组织时,多媒体教学的潜在优势才能被完全发挥出来。具体实施方案主要涵盖了以下几个方面。

（1）教学内容的多媒体化

在高校体育教学的实施过程中，需要对文本、图像、音频、动画以及视频等多种元素进行有序组织。如果大学体育课程内容呈现出多样化的特点，那么也需要对大学体育课程的内容形式进行全面的设计。教师的目标是将文字、图片、声音、视频和动画等多种体育教学方法综合应用，对体育运动技术动作的核心要点、难点、练习技巧、常见错误以及如何纠正这些错误进行详尽的解释。

（2）补充体育课程教学相关内容

在进行体育课程的多媒体教学时，不仅需要将体育课程教学大纲所规定的内容纳入教学的各个知识点中，还需要整合大量相关的信息和知识。例如，在篮球的教学过程中，不仅可以根据体育课程的教学大纲来设计技术和战术的教学内容，还可以对篮球的各种技术和战术进行进一步的扩充，为篮球实际应用提供更多的技术和战术内容。在遵循体育课程教学大纲所规定的内容的基础上，让对篮球有兴趣的学生有机会深入了解和学习国内外篮球运动的先进技术和战术，以及相关的教学和训练方法。

（3）高校体育教学内容的动态更新

在开展体育课程的多媒体教学时，学生可以自由地使用多媒体进行浏览。此外，他们还可以利用在线教师的答疑和课程的互动讨论等方式，对高校体育教学内容进行深入探讨，并有机会提出一些建设性的修改建议。这将有助于在高校体育教学的互动过程中，实现教师和学生共同编写教材的可能性。通过共同编写与体育相关的教材，学生可以更加充分地表达自己的疑问和观点，这大大增强了学生在体育课程网络教学中的参与感。

2.体育多媒体课件结构的设计

体育多媒体网络课件的构建主要基于高校体育教学内容的基本框

架,这样可以确保体育多媒体网络课件在教学功能和整体结构方面得到全面的体现。

体育多媒体网络课件的整体架构主要分为两部分:一是高校体育课程的内容,二是网络上的互动交流。高校体育课程的教学内容不仅涵盖了体育课程教学大纲所规定的所有方面,还包括一些具有扩展性的知识点。在采用高校体育教学网络工具的基础上,大量与体育课程教学核心内容紧密相关的补充知识可以在体育课程教学内容中有机整合,从而为高校体育教学创造一个特定的环境。这不仅可以满足不同兴趣和爱好的学生的需求,还可以确保他们的个性化学习活动得到适当的支持。在引入了大量的扩展知识后,体育多媒体课件的内容得到了极大的丰富。

3. 撰写脚本与设计素材

在设计体育多媒体教学课件时,有必要对素材进行脚本撰写和相关的设计工作。这里提到的素材主要涵盖了文字、音频、图像、图像、动画以及视频等多种形式。

(1)文字脚本的撰写

文字脚本的编写通常是通过 Word 来完成的。在内容设计上,教师不仅要深入考虑高校体育课程的各个知识点,还需要用文字清楚地传达教师的讲解内容。此外,引入图形、图片、动画、视频的文字和超文本链接部分也需要进行标注,以方便后续的内容制作者使用。因此,从字数角度看,文字脚本的数量比传统教案更多。

(2)声音脚本的撰写

在网络条件的制约下,如果在高校体育教学课件中大量应用声音文件,很有可能会降低其最终的运行速度,因此声音文件的使用只能在特别需要的地方才可以,如对动画的解说、对视频的解说等。同时,在对这一种类别的声音脚本进行撰写的时候,首先要考虑的是目标动画与目标视频,并按照动画的解说与视频的解说,对内容进行配音。需要注意的是,应该保证配音脚本的精练化,此外要将动画与解说的过程、配音的过程紧密地联系在一起。

(3)关于图形、图片的设计

所谓的图片,实际上是指通过摄影技术制作出来的图像。体育老师在向学生解释大学体育课程内容时,可能需要借助大量的图像资料。在开始拍摄图片之前,体育教师需要根据文字描述的具体需求,对每一个技术动作进行详细的地点和数量设计。

所谓的图形,实际上是指通过计算机相关软件绘制的示意图,如与篮球技巧和战术相匹配的路线等。利用与计算机相关的软件所绘制的示意图,教师不仅需要展示相关内容,还需要确定图形的具体种类,可以画出二维的图像,也可以画出三维的图像。

二、现代信息技术下的微课教学法

微课的定义为,通过视频形式,将教师在课堂内外的教学活动中所教授的关键知识点或重点内容进行展示,这是一种新颖的教学资源。微课拥有几个非常突出的特性,包括碎片化的结构、重点突出、高度的交互性,以及可以多次重复使用。微课作为一种创新的教育方式,可以让学生在任何时间、任何地点进行碎片化的学习活动。

对微课来说,其核心内容主要是示例片段,即课堂教学视频。除此之外,还存在与特定教学主题相匹配的辅助教学资源,包括但不限于教学素材、教学设计方案、实践测试、教师的评价、教学反思以及学生的反馈意见等。在特定的展示形式和组织结构中,这些元素共同构建了资源单元应用的"微观环境"。

常见的高校体育教学方法包括文字描述、动画解说、视觉图像和视频片段等。除此之外,体育多媒体网络课件还提供了其他超文本链接方式的按钮选项,并通过科学和合理的方式增强了按钮的趣味性和动态表现。在体育多媒体网络课件的界面设计中,各种不同类型的按钮已经充分考虑到了学生多样化的需求。

(一)微课的特点

1.碎片化

微课视频的播放时间大约是 10 分钟,它通过高清晰度的视频录制展示课程的教学内容。传统的课堂教学通常持续 45 分钟,但在微课的推动下,原先的段状课程逐步演变为点状课程,这也催生了更为精细和精细的课程内容。因此,除了在课堂上的授课时间,学生还可以在课外利用一些零碎的时间学校。例如,在学生排队等待用餐时,可以利用这段短暂的时间进行学习。因此,微课的一个突出特性便是其碎片化的结构。

2.突出重点

鉴于学生的学习习惯和微课的明显碎片化特征,微课对教师的教学技能提出了更为严格的标准。在微课视频的 10 分钟展示时段里,教师不仅需要展现其严格的逻辑思维,还需突出课程的核心内容和亮点,确保准确捕捉学生的学习焦点,从而更有效地点燃他们的学习热情。

3.较强的师生交互性

微课作为一种创新的教学方式,能够有效地解决传统教学模式中教学内容仅限于单一输出的问题。在开展微课教学的过程中,教师和学生之间的互动得到了加强,不仅能够及时收集学生对课程学习的兴趣点,而且对于学生提出的疑问,教师也能迅速回答。这无疑为教师在课程设计的后期阶段创造有利条件,从而满足学生对知识的渴望,并进一步优化课程的教学成果。

4.能够反复多次使用的教学资源

在微课模式中,学生可以根据自己的实际需求,在任何时间和地点进行体育学习活动。例如,在正式开始课程之前,学生可以利用微课预先学习运动技巧、巩固学习中的难点和关键点,并练习课后的各种动作。微课不仅能在提高教学质量方面起到积极的推动作用,而且通过采用微课作为教学模式,还能进一步激发学生对课程学习的热情和主动性。

(二)现代信息技术下的微课教学应用

鉴于微课具有碎片化、重点突出、师生交互性强和可重复利用教学资源的特点,从体育微课的基本设计原则出发,开发高质量的体育微课,可以进一步改善当前高校体育教学的现状,提高学生对体育运动项目的学习兴趣。

在探索体育教学方法时,微课的实际应用是至关重要的。通常,在高校体育课程中,微课的实际应用主要体现在以下五个方面。

1. 微课应用在学生体育需求调研中

考虑到高校体育教学传统模式与高校体育教学内容之间的紧密联系,体育教师在正式启动高校体育教学实践活动之前,应根据课程逻辑识别出教学内容中的难点和重点,还应将体育微课与当前体育栏目和体育热点新闻相结合,然后利用移动互联网的多种渠道将已完成的体育微课在学校范围内进行广泛传播。体育教师可以通过观察微课中学生的点击和评论来有效评估体育课程内容的合适性,并进一步洞察学生的兴趣和期望。此外,早期对体育微课的推广可以极大地激发学生对体育学习的热情,让他们对即将学习的内容充满期待,将学生从被动的学习转化为主动的学习,从而进一步增强他们参与体育活动的意愿。

2. 微课应用在体育课程设计中

体育微课不仅为传统的高校体育教学方式提供了新的补充,同时也是多媒体环境下大学体育教育进步的必然产物。随着微课的日益普及,体育课程的设计方式也经历了一次新的变革,这就要求教师确保体育课程内容既有事实依据又充满活力。在高校体育课程的后续阶段,应该对传统的室内体育理论课程和室外实践课程的分离模式进行改革,实现两者的有机结合,并考虑到多媒体时代大数据的特性。在构建室内理论课程时,可以主要依靠教师与学生之间的信息数据交流,在体育课程中激发他们的思维活力,从而设计出更为公正和自由的体育课程内容。另外,在这种教学模式下,体育教师的教学思路有可能得到进一步的刷新,从而激发学生对体育学习的热情。

3.微课应用在体育课程教学中

从一方面看,体育教师可以根据体育时事的热点和体育课程的新内容来设计新颖的体育课程,并将微课引入其中。在开展体育课堂教学时,教师可以组织学生进行集体观看,这样做的主要目的是吸引学生的注意力,并激发他们对体育学习的兴趣。

从另一方面看,当高校体育实践活动进行时,体育教师有能力将复杂的动作教学转化为微课形式。并且在体育课堂上,通过反复播放,可以更生动、形象、直观和具体地展示体育教学的各个环节。

4.微课应用在体育课后辅导中

在高校体育课程中,每堂体育课的教学时长通常为45分钟。由于时间有限,教师想要全面而细致地教授内容几乎是不现实的。因此,部分学生可能无法与教学节奏保持一致,或者他们可能无法完全掌握所学的运动技巧。因此,教师在体育课堂教学完毕后,可以让学生学习包含体育教学重点的微课视频,这样学生可以在课堂结束后练习已经学到的技术动作,复习课堂上的内容,温故知新,从而提高学生的学习效果。

5.微课应用在体育课程分享中

从根本上讲,分享即学习。学生们乐于在社交圈子里分享优质的视频课程,以此来感染和影响他们周围的朋友和学生,从而扩大他们的学习范围。因此,教师应当努力创建一个鼓励分享的学习共同体,确保学习共同体的成员能够相互推动,并分享对体育学习有益的信息。例如,在体育舞蹈的教学中融入微课,这样在学校里,学生们可以分享他们已经掌握并对体育舞蹈产生浓厚兴趣的课程,从而让更多对体育舞蹈充满热情的学生有机会及时接触学习资料。此外,学生们还可以主动寻找与自己兴趣相匹配的学生,组织他们共同学习体育舞蹈微课,以推动体育舞蹈社团的持续成长。通过如"快闪"这样的社团活动组织,学生们可以在课堂之外的生活中获得更多的乐趣。

三、现代信息技术下翻转课堂的应用

(一)翻转课堂的特点

翻转课堂这一概念,一般是指对课堂内外时间进行重新分配和调整。从根本上讲,这意味着学习的决策权已经不再是教师的职责,而是落在学生身上,让他们掌握学习的主导权。在应用翻转课堂的教学模式时,学生可以在有限的课堂时间里更加集中精力进行学习。面对全球化、本地化和现实世界中的各种挑战,教师和学生共同进行研究和解决,从而使学生的理解更为深入和全面。

1.教学视频短小精悍

翻转课堂的教学视频应当是简短而有力的,哪怕是稍微长一些的视频也仅需十几分钟,而大多数视频的时长通常仅为几分钟。此外,每段视频都具有很强的目标导向性,针对某一具体问题进行深入分析。翻转课堂教学应当在学生注意力高度集中的时段内调整视频播放的时长,以适应学生的心理和生理发展特点。另外,网络上发布的视频具有回放、暂停等功能,这可以让学习者自行控制,从而顺利实现学生的自主学习。

2.教学信息明确清晰

翻转课堂有一个显著的特点,那就是视频中唯一能看到的是教师的手,学习者可以看到教师不断地书写一些数学符号,并逐渐填满整个屏幕,同时在书写时,还能看到画外音的配合。这种教学方法与教师站在讲台上授课的方式截然不同,仿佛是把教师和学生放在同一张桌子前,共同进行学习。

3.重新建构学习流程

学生的学习旅程通常分为两个主要阶段:第一个阶段是信息的传递。这需要教师和学生之间,以及学生之间的相互交流和互动;第二个阶是内化吸收。该任务要求学生在课堂教学完毕后自行完成

翻转课堂这一教学策略为学生的学习旅程提供了全新的框架。第一

阶段的信息传递是在正式的课堂教学开始前由学生来完成的,教师不仅要提供视频资料,还要为学生提供了在线辅导服务;第二阶段的内化吸收是在课堂教学过程中通过互动来实现的。对于学生可能遇到的学习难题和困惑,教师应该提前做好准备,以便在教学过程中为学生提供有效的指导。同时,学生之间的互动交流也能在一定程度上促进学生对知识的内化和吸收。

4.复习检测快捷方便

学生在观看完教学视频后,通常会在视频的结尾看到四个或五个小问题,这有助于他们及时评估自己的学习进度,并根据自己的学习状况做出相应的判断。如果学生对这些问题的回答并不满意,那么他们应当重新观看教学视频,并深入思考问题产生的背后原因。此外,借助网络平台,教师能够实时汇总、分析和处理学生回答问题的具体情况,从而让教师对学生的学习状况有一个更为客观和全面的认识。教学视频还有一个显著的优点,那就是经过一段时间的学习后,可以方便学生复习和巩固已经学习过的知识。随着评价技术的持续进步,学生在学习过程中的相关环节已经得到了充分的实证数据支持,这对于教师深入理解学生的真实需求具有极大的帮助。

(二)体育翻转课堂的实施策略

1.做好在线虚拟教学平台的建设

在线虚拟教学平台的主要建设目标是为翻转课堂的成功实施提供必要的前置条件和基础支持。该平台主要涵盖教学内容的上传、教师与学生之间的交流和答疑、在线评估和测试、学习进度的追踪和监控,以及学习成果的总结和展示等多个模块。体育教师可以利用这个平台,将与高校体育教学相关的微视频、PPT、各种音频等教学材料上传到在线虚拟教学平台,并且可以利用这个平台实现作业发布、在线测验、监督督促、在线交流、在线评价等功能;学生可以在这个平台上下载学习资料或进行在线学习,并与体育老师进行实时的沟通和交流。

2.注重评价机制的创新

在翻转课堂的教学模式中,高校体育教学的评估不应仅仅局限于传统的书面测试。评价的内容、主体、标准和方法都应该与传统教学有所区别,否则翻转课堂的执行可能会变得形式化。在翻转课堂的教学模式中,高校体育教学的评估应以"以评促学""以评促教"为核心目标,并以学生的发展水平作为主要的评价标准。只有这样,评估才能更具针对性和全面性。多元化的评价方法主要体现在评价的主体、内容、方法和阶段等多个方面,其核心目标是促进学生的学习和教师的教学,最终的评价目标是提高教学的实际效果。

3.注重提高体育教师的综合素养

不管是哪种形式的教育和教学改革,教师始终是决定改革成功与否的关键和核心因素。翻转课堂作为信息化社会的一种表现形式,不仅代表了一种前沿的教育观念,也是一种创新的教学策略,这对体育教师的整体素质提出了更高的标准。体育教师不仅是在线虚拟教学平台的构建者、设计者和使用者,也是教学视频和其他学习资源的开发者和上传者;他们不仅是学生学习和实践的策划者和指导者,也是学生学习成果评估的策划者和评价者;不仅是学生在线学习状况的监控者和推动者,也是教育设计的杰出代表。

第三节　目标教学与课程的创新设计

在高校体育教学改革中,教学模式的革新和课程内容的更新被视为关键环节。其中目标教学模式是一种与当前社会需求高度匹配的教学方式,因此,对目标教学和课程创新设计的深入研究对于推动高校体育教学改革具有不可忽视的重要性。

一、目标教学探究

目标教学是一种新的教育教学体系,它以教学单元作为控制教学过程的基础单位,以教学目标为核心来组织教学活动,采用异步教学作为教学活动的基本组织形式,以可控变量为优化教学活动的重点,并通过教学评价来确保教学活动的有效执行。它所具备的导向作用、激励作用、调节作用以及评估作用,是其他教育模式所不能替代的。因此,在高等教育体育教学研究领域,加强目标教学研究并提高其在高校体育日常教学活动中的占比具有重要性。

(一)目标教学的基本课堂结构

1.要素结构

目标教学的课堂教学要素包括三部分,即教师、学生和认知信息。

2.行为结构

在目标导向的课堂教学中,应特别关注影响教学成果的三大因素(认知基础、情感特质和教学品质),充分利用检测和反馈机制,结合集体教学和个体教学的方法,形成了一个完整的课堂教学行为框架。

3.程序结构

目标教学大致包括四个环节:前提测评—认定并展示目标—达标导学(实施目标)—达标测评。

(二)实施目标教学的体会

(1)在目标导向的教学模式中,每一单元的教材都是连续进行的,这种教学方式从运动心理学的视角出发,对于大脑在感知和学习动作技能方面具有显著的助益,并更有助于运动表象的生成。

(2)教学目标不仅是课堂教学活动的初始点,也是其最终目的。因此,在设定课时教学目标时,必须确保其准确性和合理性,通常需要遵循几个基本原则。

①科学性。教学目标应根据教学大纲和教材来设定,遵循学生的认知和心理规律,将知识的吸收和能力的培养有机结合在一起。

②具体性。为了确保学生的学习目标既明确又有针对性,教学目标的设定必须是具体和明确的。

③层次性。在课程的教学目标上,我们应该按照不同的层次和递进的方式进行,确保各个层次的学生都能轻松地"蹦一蹦"摸得到,"跳一跳"够得着,从而激发学生的学习热情并促进他们的个性发展。

④可测性。制定教学目标时,应确保其易于进行测试和评估,并具有高度的操作性。

(3)在教学活动中,应当高度重视反馈和调节策略的应用,常见的方法包括在课程开始前明确目标,帮助学生设定清晰的目标,并激发他们达到这些目标;通过初步的评估来了解学生的基础知识,有助于进行分级教学;在达标导学的过程中,应及时给予反馈和纠正,协助学生完成达标测评,然后提出具体的改进措施和要求。这些都是基于教学目的而实施的,为了确保教学效果与教学目标的一致性,我们应该在教学过程中多次进行反馈和修正。

(4)应该以教学目标为主线,广泛运用"启发式"和"讨论式"的教学策略,以增强学生的参与感,并致力于从以教师为中心的教学模式向以学生为中心的教学模式的转变。

(5)体育目标教学应注重与其他学科知识的联系。

(6)目标教学要及时对学生进行思想品德教育和行为规范培养。

二、课程方案的创新设计

创新并不等同于发明,它并没有改变事物的根本性质,只是对构成事物的基本元素进行了新的组合,从而展现出新的特性和功能。相同的教材和年级,但在不同的学校和不同的教师授课时,可能会出现多种具有不同特色的体育课程,这是课程基本元素通过多种方式组合而成的结果。

(一)隐性体育课程及其教育设计

1.隐性体育课程的概念

所谓的"隐性体育课程"是与"显性体育课程"相对应的概念,它指的是在学校环境中,根据体育教育的目标和具体的体育教育目的来设计的校园体育文化元素的总称。它的含义可以概括为以下几个方面。

(1)隐性体育课程属于学校体育文化,是学校中除显性体育课程之外的所有体育文化要素。

(2)隐性体育课程较偏向非学术性,但它并不完全排除学术性内容。例如,课外体育活动、体育科普读物、体育宣传等,其内容具有明显的学术性。

(3)隐性体育课程必须是有目的地规范设计的。它作为体育课程的一部分,应该有一个清晰的目标导向,其影响的范围和施加的效果都应根据特定的体育教育目标和培训目的来进行规划和设计,确保其具有明确的意向性和预测性。

2.隐性体育课程的作用

利用隐性体育课程进行合理且高效的教育,对于实施素质教育和提升体育教育的效果是至关重要的,具体作用有四个方面。

(1)通过结合实体性与非实体性的学校体育文化和学校体育精神,向学生灌输体育的思维方式和价值观,从而激发他们对体育的学习兴趣,并增强他们对体育学习的热情。

(2)多渠道地向学生传授体育知识、技能,全面提高学生的体育素质和健康水平,弥补显性体育课程的不足。

(3)促进学生形成良好的体育锻炼习惯,建立健康的生活方式,为学生形成终身体育理念奠定基础。

(4)培养学生的心理品质,特别是培养学生的性格、气质、动机、爱好、情绪等非智力因素,促进学生人格的全面发展。

3.隐性体育课程的教育设计

隐性体育课程需要充分发挥其内在功能,而不是随意或自发地进行。在分析和掌握隐性体育课程的各个构成元素的基础上,应根据特定的教育设计原则来进行科学合理的教育设计。

(1)隐性体育课程的构成要素

①根据体育教育的目标和具体的体育教学目标,选择与体育学科内容有关的实体性体育精神文化,包括学校图书馆的体育类图书、报纸、

期刊。

②按照体育教育目的及其具体化的体育教育目标,创造的非实体性的体育精神文化。它涵盖了两个主要方面,首先是体育制度文化,主要包括学校的体育规章制度、体育管理体制、教师的体育道德规范、师生的体育活动行为要求等;其次是非制度性的体育文化,涵盖了学校领导对体育教育和体育活动的认识和重视程度,体育教育的工作方法和风格,教职工的体育意识、体育价值观、体育锻炼行为方式,以及体育活动的风气和习惯等方面。

③按照体育教育目的及其具体的体育教育目标,建设由学校体育物质环境构成的体育物质文化。校园体育物质文化包括学校体育场馆建筑、布局,学校体育的设备条件,体育雕塑、体育宣传标语、条幅,师生的体育运动服装等。

隐性体育课程的结构实际上是有形和无形体育文化元素的有机融合。隐性体育课程中的三大核心元素彼此之间存在相互渗透、相互影响和相互推动的关系,从而构建了一个结构复杂的教学体系。

(2)隐性体育课程的设计原则

①一体化原则。设计时必须考虑学校、社会和家庭三种环境对学生的多种影响,把多项因素统一起来进行一体化设计。

②协调优化原则。构成隐性体育课程的要素是复杂多样的,在设计时应合理组织安排各种要素,使之协调一致,处于优化状态。

③增强特性原则。为了更有效地塑造特定的学校体育环境并对学生产生积极影响,实现预定目标,我们应当通过加强或凸显隐性体育课程的某些特点,根据人、事、地、时进行适当的安排和调整。

④适应性原则。应充分考虑不同年龄阶段的学生的身心发展特点和需要,融玩乐性、思想性和知识性为一体,促进学生身心全面发展。

⑤控制转化原则。设计时,应对各种外来的体育信息进行有效的控制和正确的引导,消除不利因素,强化积极有利的因素。

⑥因校制宜原则。在设计过程中,应当考虑学校的实际状况,根据学校的特点进行调整,最大化地挖掘和利用学校的独特优势,从而设计出与

学校实际需求相匹配的隐性体育课程。

(二)"超市"教学课程

"超市"代表了一种开放的购物方式,它将消费者放在中心位置,让他们在"超市"内自由选择他们所需或钟爱的商品。在当前推进素质教育的背景下,我们可以考虑将"超市"的经营哲学融入体育教学,使学生在一个开放、民主、和谐和轻松的环境中,根据自己的成长需求,进行自主的选择、独立的思考和积极的学习。

在体育的教学过程中,当教学标准和学生对课程内容的理解程度相对一致时,选择一个统一且有序的集体教学方式,其效果会更为突出。然而在实际的体育教学环境中,课堂教学的要求往往并不统一,学生在学习或复习某些课程内容时,他们的准备状态和已有的基础知识并不总是完全匹配。在这样的背景下,课堂教学应当在集体教学环境中进行,教师应为学生提供大量的"超市商品",充分激发学生的主观能动性,使他们能够自主选择学习的内容、方法和步骤。事实证明,设立"超市"可以使学生的主动思考,最大限度地激发他们的想象力,并促进他们的创新思维的发展。

在复习课的教学过程中,对于学生而言,复习动作并不完全是因为他们没有掌握正确的动作技巧。有些学生已经掌握了这些技巧,并且表现得相当出色。教师可以在课堂上设立"超市",允许学生自行选择学习内容,各取所需。这种方式不仅为学生提供了有限的课堂时间,还极大地激发了他们的自主学习兴趣。

在体育课中,素质的训练通常是由教师设定的一个固定的项目。比如,在锻炼上肢的力量时,学生们会共同进行俯卧撑的练习;为了锻炼腰部和腹部的力量,学生们共同进行仰卧起坐的练习。这样的教学方法导致教师忽略了学生间的个体差异和他们的兴趣爱好,从而使学生失去了选择的空间。因此,教师可以选择多种不同的训练项目来锻炼上肢力量或腰腹力量,学生可以从这些项目中自由选择一个来进行练习,根据达到自己最大强度的百分比来确定运动量。学生可以根据自己的喜好选择合适的练习项目进行锻炼,他们可以根据自己的需求从"超市"中挑选练习内容,这样他们练习的热情会显著增强。

预备活动是体育课程中不可或缺的一环,教师可以创建一个"超市",让学生根据课程的教学内容和目标,自由选择适合的内容和方式来进行练习。例如,允许学生根据自己的喜好选择预备活动的主题,例如徒手操或游戏等;摒弃了传统的分组方式,学生可以自由地进行组合练习;可以随心所欲地编操,或者自行喊出口令等。这样可以激发学生的学习热情,增强他们对练习的热情,并提高锻炼的实际效果。

在体育课的尾声,尽管学生们在生理和心理上都感到疲惫,但他们的疲劳程度却各不相同。如果教师仍然坚持要求学生按照一个统一的动作进行放松和整理,那么这并不意味着他们已经完全放松了。因此,在课堂结束时,教师可以为学生安排一段音乐,让他们根据音乐(或不根据音乐)自由地放松。教师还可以选择单人、双人、多人、男女混合等多种组合,选择多种放松的内容,只有在这样的环境下,学生才能真正地放松。

在课堂中设立"超市"并不仅仅意味着为学生在体育课上提供有限的练习时间,或者让他们自由地进行练习,而是为了满足素质教育的需求。这是一种创新的教学策略,它重视学生的中心地位,但绝不意味着削弱教师的领导地位。在开始授课之前,教师必须仔细规划课程内容并制定相应的教学流程。在授课过程中,教师应当重视对学生的启示、引导和指导,并激励他们勇敢地做出选择、探索和感受。只有通过这种方式,学生的主观能动性才能得到充分的体现,也才能真正符合"健康至上"的教育理念。

参考文献

[1]陈辉.高校体育教学探索与模式构建研究[M].北京:北京工业大学出版社,2023.

[2]陈雷.高校体育教学理论与训练实践研究[M].哈尔滨:黑龙江科学技术出版社,2023.

[3]陈婷婷.高校体育教学模式创新研究[M].北京:九州出版社,2024.

[4]成耀.高校体育教学与训练研究[M].北京:中国原子能出版社,2021.

[5]韩秀英.高校体育教学发展研究创新[M].长春:吉林出版集团股份有限公司,2022.

[6]李鑫,王园悦,秦丽.体育文化建设与高校体育教学模式研究[M].北京:中国纺织出版社,2019.

[7]李薛,韩剑云,孙静.现代教育技术革新下高校体育教学研究[M].北京:中国纺织出版社,2019.

[8]廖民玲.高校体育教学管理研究[M].长春:吉林摄影出版社,2023.

[9]林勇,李慧.高校体育教学新理念与方法研究[M].长春:吉林出版集团股份有限公司,2024.

[10]刘明,张可,刘洋.普通高校体育教学发展与改革探究[M].北京:中国纺织出版社,2018.

[11]刘卫国,郝传龙,陈星全.高校体育教学方法实践探索研究[M].长春:吉林出版集团股份有限公司,2022.

[12]马健勋.高校体育教学与科学训练[M].北京:北京工业大学出版社,2023.

[13]马鹏涛.高校体育教学改革创新与科学化训练研究[M].北京:新华出版社,2018.

[14]任翔,张通,刘征.高校体育教学模式创新研究与实践[M].沈阳:辽

宁人民出版社,2023.

[15]孙越鹏,宋丽丹.高校体育教学理论及改革创新研究[M].北京:新华出版社,2018.

[16]王丽丽,许波,李清瑶.教育技术在高校体育教学中的实践探索[M].长春:吉林人民出版社,2021.

[17]魏小芳,丁鼎.高校体育教学管理改革与模式构建探索[M].长春:吉林人民出版社,2022.

[18]吴鹏,马可,李晓明.高校体育教学多种模式研究[M].延吉:延边大学出版社,2023.

[19]谢宾,王新光,时春梅.高校体育教学与运动训练研究[M].长春:吉林人民出版社,2021.

[20]许德凯,陆克珠.高校体育教学及课程体系改革研究[M].北京:中国戏剧出版社,2023.

[21]闫立新.高校体育教学质量保障与监控体系的构建研究[M].北京:知识产权出版社,2015.

[22]张丽蓉,董柔,童舟.人文精神视阈下高校体育教学模式的理论构建[M].北京:中国纺织出版社,2019.

[23]张萍.现代高校体育教学与运动训练研究[M].哈尔滨:哈尔滨出版社,2023.

[24]张亚平,杨龙,杜利军.高校体育教学理念及模式创新研究[M].北京:中国商业出版社,2022.

[25]张正,吴宗喜.高校体育教学与人才培养[M].长春:吉林人民出版社,2022.

[26]周春娟.高校体育教学的影响因素分析与改革探索[M].青岛:中国海洋大学出版社,2018.

[27]朱元明.高校体育教学模式与创新发展研究[M].长春:吉林出版集团股份有限公司,2022.